名师工程

大家思想系列

张文质给学生上的十堂课

张文质◎著

 西南师范大学出版社

全国百佳图书出版单位　国家一级出版社

图书在版编目（CIP）数据

张文质给学生上的十堂课/张文质著. —重庆：西南师范大学出版社，2013.11

（名师工程系列丛书）

ISBN 978-7-5621-6507-1

Ⅰ.①张… Ⅱ.①张… Ⅲ.①人生哲学－青年读物②人生哲学－少年读物 Ⅳ.①B821-49

中国版本图书馆 CIP 数据核字（2013）第 259049 号

名师工程系列丛书

编委会主任：马　立　宋乃庆
总策划：周安平
策　划：李远毅　卢　旭　郑持军　郭德军

张文质给学生上的十堂课
张文质　著

责任编辑：张燕妮　钟小族　范晨霞
封面设计：天之赋设计室
出版发行：西南师范大学出版社
　　　　　　地址：重庆市北碚区天生路 1 号
　　　　　　邮编：400715　市场营销部电话：023-68868624
　　　　　　http://www.xscbs.com
经　　销：新华书店
印　　刷：重庆紫石东南印务有限公司
开　　本：787mm×1092mm　1/16
印　　张：16.5
字　　数：152 千字
版　　次：2013 年 12 月　第 1 版
印　　次：2013 年 12 月　第 1 次
书　　号：ISBN 978-7-5621-6507-1

定　　价：30.00 元

《名师工程》
系列丛书

《名师工程》系列丛书

征 稿 启 事

《名师工程》系列丛书是西南师范大学出版社策划、组织出版的大型系列教育丛书。丛书以新课程下的新教学为背景，以促进施教者的教育能力为落脚点，以提高教育质量、提升教师水平为宗旨。

丛书首批推出的"名师讲述""教学提升""教学新突破""高中新课程""教师成长""大师讲坛""教育细节""创新语文教学""教育管理力""教师修炼""创新数学教学""教育通识""教育心理""创新课堂""思想者""名师名课""幼师提升""优化教学""教研提升""名校长核心思想""名校工程""高效课堂""创新班主任""鲁派名师"等系列，共150多个品种，其余系列也将陆续出版。为了让广大教师有一个交流、借鉴的机会，同时也为了给广大教师提供更多、更好的图书，《名师工程》系列丛书编辑出版委员会特向全国教育工作者征集稿件。

稿件要求：

1.主题鲜明、新颖，有独创性。

2.主题以提升教育能力为主，也可适当外延。

3.主题要有一定规模、有典型案例支撑。

4.案例要贴近教育实际，操作性强。

5.文章、书稿结构清晰，语言精彩。

书稿作者在选题确定之后，请及时与我们做好沟通，具体事宜确定好之后再进行创作；也欢迎用已经完稿的稿件投稿。一线教师如希望参与图书案例的创作，可联系我社策划机构，由策划机构备案，在适合的图书中参与创作。

真诚欢迎各位教师踊跃投稿。

联系方式：

西南师范大学出版社高教分社

电话：023-68254356　　　　E-mail：zcj@swu.cn

西南师范大学出版社高教分社北京策划部

电话：010-68403096

E-mail：guodejun1973@163.com

编者的话

当前，以人为本的教育理念正在逐步深化，素质教育以及基础教育课程改革不断推进。在这场深刻又艰苦的教育改革中，涌现了无数甘为人梯、乐于奉献的优秀教师。他们积极探索、更新观念、敢于创新、善于改革，在实践中创造性地发展、总结了很多先进的教育思想、教育理念；创造性地开发了很多新的教学模式、教学内容和教学方法。这些新思想、新模式、新方法在实践中极大地提高了教学质量，是教育改革实践中的新内涵和宝贵财富。这些优秀教师就是我们的名师，这些新内涵就是名师的核心教育力。整理、总结、发展、推广这些教育新内涵，是深化教育改革、完善教育体制、提高教育质量、提升教师水平的一件大事。

教育，是民族振兴的基石；教师，是教育发展的根基。

胡锦涛总书记在全国优秀教师代表座谈会上指出："教师是人类文明的传承者。推动教育事业又好又快发展，培养高素质人才，教师是关键。没有高水平的教师队伍，就没有高质量的教育。"十七大报告又进一步强调了必须加强教师队伍建设，不断提高教师的素质。当今世界，社会进步一日千里，科技发展日新月异，知识更新的周期越来越短。教师作为"文明的传承者"更要与时俱进，刻苦钻研、奋发进取，尽快提升自身素质和能力，为推动教育事业的健康发展贡献自己的力量。

基于以上，西南师范大学出版社策划、组织出版了大型系列教育丛书——《名师工程》。希望通过总结名师的创新经验、先进理念，宣传名师的核心教育力，为广大教师的职业生涯提供精神源泉和实践动力，在教育实践层面切实推动从教者职业素养的提升。通过《名师工程》实现"打造名师的工程"。

丛书在策划、创作过程中力求实现以下特色：

一、理念创新，体现教育的人本精神

教师角色在以人为本的教育理念下发生了重大的变化，教师的素质和能力也面临更高的要求。如何弘扬、培植学生的主体性、增强学生的主体意识、发展学生的主体能力、塑造学生的主体人格等问题成为教师在目前教育中亟待解决的难题。丛书以教育管理者和教师为主要读者对象，通过教师综合素质的提高而将人本教育的思想落实到教育实践中，真正实现教育培养人、塑造人、发展人的本质要求。

二、全面构建，系统提升教师的教育能力

丛书选题的最大特点就是系统、全面地针对教师教育能力的提升而展开。施教者的能力决定教育的效果，教育改革的落实、教育效果的提高无不体现在教师身上。丛书针对不同教育能力、不同教学要求、不同教育对象，有针对性地设置选题。棘手学生、课堂切入、引导艺术、班主任的教导力、互动艺术、课堂效率、心灵教育等等，这些鲜明的主题从教育的细节出发，从教育实际情况出发，有针对性地解决问题，让教师在阅读中学有所指、读有所获。

三、科学权威，体现教育的时代前沿性

丛书邀请全国各地著名的教育工作者执笔，汇集在教育改革与实践中涌现的先进理念、成果和方法，经过专家认真遴选、评点总结而成，代表了目前教育实践中先进的教育生产力，具有时代前沿性，是广大一线教师学习、借鉴的好素材。

四、注重实践，突出施教的实用价值

丛书采用了通俗的创作方法，把死板的道理鲜活化，把教条的写法改变为以案例为主，分析、评点为辅，把最先进的教育理念和方法融入有趣的情境中。经典的案例，情境式的叙述，流畅的语言，充满感情的评述，发人深省的剖析，娓娓道来、深入浅出，让教师更充分地领会先进、有效的教育方法。

在诸多教育、出版界同仁的支持与努力下，《名师工程》陆续推出了《名师讲述系列》《教学提升系列》《教学新突破系列》《高中新课程系列》《教师成长系列》《大师讲坛系列》《教育细节系列》《创新语文教学系列》《教育管理力系列》《教师修炼系列》《创新数学教学系列》《教育通识系列》《教育心理系列》《创新课堂系列》《思想者系列》《名师名课系列》《幼师提升系列》《优化教学系列》《教研提升系列》《名校长核心思想系列》《名校工程系列》《高效课堂系列》《创新班主任系列》《鲁派名师系列》等系列，共 150 多个品种，后续图书也将陆续出版。

丛书在出版创作过程中得到各地、各级教育部门与教育工作者的大力支持与帮助，在此一并表示感谢！

教育事业是全社会共同的事业，本丛书的出版一方面希望能对广大教育工作者有所帮助，共飨先进成果；另一方面也是抛砖引玉，希望更多的教育工作者参与到出版创作中来，百家争鸣、百花齐放，为促进教育事业的发展共同努力！

写在前面

张文质

　　我喜欢坐在教室里听课，也喜欢和孩子们说话，关注课堂生活也是我的一种研究方式。不过，当我第一次受邀在公开场合给小学生上课时，我还是感受到了压力。因为一个人无论听过多少节课，无论你对教育有着怎样的理解，只要你没给小学生上过课，你还真不好说自己到底有怎样的教学能力。另一方面，即便我现在经常给中小学生上课或开讲座，我仍然觉得上课并不是件容易的事。

　　这本书中的文字都是对我上课情况原生态的记录，这些课大多都是临时被点名上的，因为很多老师觉得我虽然教育"道理"讲得还不错，但对我的课堂教学能力却心存怀疑，总希望我也试一试。有时我听了某节课也会有种种冲动，希望自己也来试一试，看看能不能上出另一种味道。说实在的，我并不怕自己"献丑"。对课堂教学我始终心存敬畏，也一直在琢磨课堂的生成之道。和教师们共同研究、相互促进，实在是件美妙的事。

　　我并不相信自己的课堂能给你带来多少启迪，我所

1

尝试的只是一些对教学的感悟，以及对教育中人性立场的坚守。因为它不是执行计划、执行教案、处处顾及任务，也说不上有多少预设，更难以把握可能的结果，所以课堂的展开多少有些不可预见性，要说它有点阅读方面的趣味，这大概是一个原因。

如果哪一天你读到这本书，你不妨把它看作一件小礼物，它的寓意就是"我们一起在努力"。

目　　录

从生活入手，关注学生生命成长

——《放弃射门》课堂实录及评析

背 景 说 明

2004 年 6 月 3 日，我到福建省泉州市洛江区河市中心小学指导教育教学及课题研究。当天上午听了 3 节课，其中一节是《放弃射门》。午间，我与该校部分教师进行茶话，互相交流对生命化教育的看法。下午第一节课，我应邀上《放弃射门》第二课时。这是一堂没有准备的课，因临时决定，就在班级上课而不是多媒体教室，所以教室中间挤满了校内外闻讯赶来听课的老师。学校没来得及录下这一课，不过该校王妤娜老师凭眼观、耳听、笔录，留下了翔实的文字稿，在此谨表谢意。

课 堂 实 录

一、课前交流

（老师走到教室的一角，请两位同学上台。只见其

1

中一个孩子在黑板上写了"张文质"三个字，写得很开，有大有小。另一个孩子写的则是"生命化教育"，没有按笔画顺序书写，其中"育"字少了一点）

师：（微笑着指着"育"字）这个字……

生：（齐）少了一点。

（师补上了那一点）

师：（面向大家）同学们，你们知道我为什么请这两位同学上来写吗？

生：不知道。

师：因为他们的字比老师写得好。

生：啊？（笑）

师：今天早上我们学习了一篇课文，叫什么？

生：（齐）《放弃射门》。

师：谁还想上来写？

（小手林立，在同学羡慕的目光中，一个孩子在黑板上写下了课题）

师：老师自我介绍一下，我叫……

生：不用介绍了。

生：我们知道了，叫"张文质"。

（师生笑）

师：文质是什么意思？

生：文质彬彬。

师：什么叫文质彬彬？

（生笑，思考如何准确地表达）

师：谁知道这个词最早出现在什么地方，是谁说的？

（生思考，片刻的沉寂）

师：谁知道，我回去后就寄一本书给他！

（生兴奋，搜肠刮肚，绞尽脑汁，仍不得其解）

师：中国古代有一位伟大的教育家，他是谁？

生：孔子！

生：（悟）《论语》！

师：对，孔子的《论语》中有这么一句话："文质彬彬，然后君子也。"（板书）"文"指的是文章的形式，质指的是文章的内容。文质彬彬就是文章的形式和内容配合得很好，相得益彰，文质彬彬的人就可以成为一个有教养的人。我父亲希望我能成为君子，所以给我起了这个名字，我希望在座的你们也可以成为仪表堂堂、有教养的人。

师：你们知道学校现在在做什么课题吗？

生：生命化教育。

师：谁告诉你们的？

生：我们的陶老师。

师：谢谢你们的陶老师。你们知道"生命化教育"是什么意思吗？

生：（现学现卖）就是把孩子们都教养得很好。

师：对，就是对每一个孩子、每一个生命都尊重、关爱，让每个同学都发展得很好，在课堂中体现出来。

你们学校是泉州市洛江区第一个做这个课题的学校，你们感到自豪吗？

生：（齐）自豪！

二、感知文章内容

师：同学们，今天早上听了《放弃射门》这节课，我很感动，你们知道为什么吗？因为我很喜欢踢足球。1981年，我有一次踢球时，嘴唇上还被踢了一脚，缝了6针，就在这儿，能看得出来吗？

生：看不出来。

师：看来上海的医生医术很高明，缝合得很好。

师：这篇课文写了两个人物，他们是谁？

生：福勒和西曼。

师：他们的身份有什么不同？

（生纷纷作答，但不知所云）

师：我发现你们喜欢一起回答，但有时可以一起回答，有时候不可以，现在我请一位同学来说。

生：福勒是前锋，西曼是守门员。

师：你们有谁看过足球比赛？

（好一会儿，才有3个女生怯怯地举起手）

师：（笑）3位都是女生，没有男生。德国人说："男孩子不踢足球是长不大的。"看来，足球文化离河市中心小学还比较遥远。其实，小学生也应该关心天下大事，天下大事包括体育大事。同学们知道有哪三大体育大事吗？

生：足球、篮球……

师：还有一项是 F1 一级方程式赛车世界锦标赛。今年 F1 车赛将在我国上海举行。同学们可以留意一下。我觉得，无论男孩女孩，都应该有一项自己喜欢的体育运动。厦门市同安第一实验小学就有个双溪足球俱乐部，足球运动开展得很好，体育成绩曾经进入全国前 6 名。好，我们回到课文上来，大家知道前锋的工作是什么吗？

生：射门。

师：他要把球射进对方的球门，而不是自己的球门。

（师生笑）

师：他的对手是谁？

生：西曼。

师：西曼的工作呢？

生：接住对方射来的球。

师：课文写谁放弃射门？

生：福勒。

师：福勒为什么放弃射门？

（生七嘴八舌地说开了）

师：先不急着回答，看课文，把课文读一读，等会儿把故事讲给同学、老师，还有听课的老师们听，好不好？

（生自读课文，师巡视）

师：看完故事，有信心把故事说给大家听的同学就可以举手。

（生继续读课文，师走到几个孩子身边及时提示，说完摸摸孩子的头或胳膊）

师：看完了吗？

生：（小声）看完了。

师：（笑）为什么声音不敢发出来？看完了吗？

生：（大声）看完了！

师：比赛重要吗？

生：重要。

师：意味着什么？

生：将有机会获得冠军。

师：还会获得巨额的奖金，产生巨大的影响力。然而场上发生了什么事？

（生你看看我，我看看你，没有人举手）

师：哪个勇敢的孩子来说？（目光巡视）你来，我从你的眼睛里看出你有信心。

（一生站了起来）

师：给点掌声好吗？

（生热烈鼓掌）

（生答，极快）

师：你们听明白他讲的是什么意思了吗？

生：没头没尾的。

师：我倒是听得挺清楚的，他把事情基本上都讲出来了，可能你听得还不够认真。我把他说的稍微复述并修改下。福勒做好了准备，马上可以射门了，可能这一脚就能进球，他所在的球队就有望获得冠军，这是关键所在。这时候他发现射门可能把对方踢伤。于是，他放弃了射门。大家想想：这背后意味着什么？

生：可能因此放弃了冠军。

师：同学们对英超联赛可能还不太了解。欧洲足球球星有时射进一个球就能身价百倍。贝克汉姆，同学们知道吗？

生：知道！

师：（笑）看来他的名气比较大。2002年世界杯预选赛英格兰对希腊的一场比赛，当时场上比分是0∶1，在最后一分钟，他获得了一个任意球的机会。贝克汉姆的确是一个神奇的球星，他一脚踢进了球，把英格兰带进世界杯决赛圈。事后有人计算，他这一脚球市场价值至少1亿英镑，相当于人民币十几亿。

生：哇！

师：福勒的这个球虽然没有那么值钱，但也很值钱。而他想到的不是钱，他把人的身体、人的生命看得比钱、荣誉更重要，是不是因此打动了我们？所以国际足联秘书长给他写了一封信。请大家把这封信读一读。

（生有感情地朗读）

师：信中"你表现出来的风范"指什么？

（生众说纷纭）

师：看来你们有一个习惯，喜欢一起回答。我请一位同学来说，这样听得更清楚。

（生答，声小）

师：大家听清楚了吗？

生：太小声了，听不清楚。

师：可能我离他比较近，我听清楚了，他能把意思说出来，只是音量不够大。足联秘书长肯定他把人的生命放在第一位，体现了一个伟大运动员的风范。课文中有个词能体现风范，是哪个词？

（生读文，寻找）

师：提示一下，在第二自然段。

生："人性美"。

师：把人的价值放在最重要的位置上，比其他所有的一切都高，这就是运动员体现出来的人性美。

三、交流读文感受

师：课文还有什么地方打动我们、吸引我们？

（生跃跃欲试）

师：不要急着回答，先讨论一下。

（生小组讨论；师走到孩子身边，弯下腰听孩子讲，及时轻声点评，并轻抚孩子的胳膊）

师：讨论好了吗？哪个孩子先来？注意听，他是怎样表达的。

生：我认为西曼不仅是用自己的身体在挡球，更是用自己的生命在挡球。出于对球队的责任，他奋不顾身地阻挡福勒的进球，我认为他也是伟大的。

师：这是个人的意见还是小组的意见？

生：我个人的意见。

师：说得很好！如果是个人的意见就说"我认为"，小组的意见就说"我们认为"，我们有必要把责任和荣誉分清楚。你认为西曼对球队高度的责任感打动了你，对吗？

（生点点头）

生：福勒为了不踢伤西曼，自己的身体失去了平衡，摔倒在地；福勒为了友谊……

师：这时是"友谊"吗？

生：（修正）福勒为了不让对手受伤，不让对手的身体、生命受到伤害，采取对自己不利的行为，这点让我们感动。

师：是你个人的意见吗？

生：（补充）我们小组认为。

师：也说得很好。同学们从两个运动员身上分别谈了他们的精神，一个是为了球队的荣誉奋不顾身，一个则为了对手的生命宁愿放弃成功，都很感人。

师：课文还有什么地方写得特别好？

生：第6自然段。

师：好在哪里？

生：可以看出福勒是是非分明的，他真是一名伟大的运动员。

生：福勒身上体现了"友谊第一、比赛第二"的体育精神。

师：（引）这段的表达方式你觉得怎样？这样说好吗？

生：好！它写出了比赛的紧张气氛。

师：我们读课文时可以感受到紧张吗？大家再思考一下，作者用什么方式把文章写得那么生动感人？

生：（气喘，紧张地）作者融入自己的感情来写，让我们身临其境。

师：（笑）课文写得紧张，你千万不要紧张。你要紧张，我就更紧张了。

（生笑）

师：课文里有没有很生动的词语？你们有没有把它画下来？把你觉得特别好的词语写在黑板上。第一段第一组的同学来写，第二组第二段，第三段……

生：（自告奋勇）第三段我们组。

师：第四段哪个组？……（逐段分工）已经讨论完的就可以上来写。

（自告奋勇者欲上台又不好意思，招呼小组内的一个同伴一起上台）

师：养成这个好习惯，好吗？想上来就可以上来，不要等着老师。还有，你认为好的词语，下面的同学都可以上来补充，好不好？

（学生在黑板上密密麻麻地写下了许多词语）

师：同学写在黑板上的词语是这篇文章中特别精彩的词语，对吗？我们一起读一读，好不好？

生：不顾一切、不顾一切……

师：同学们习惯读两遍，是吗？好，就按照你们的习惯。

（生继续读词语，不久下课铃响）

师：读得非常好！我听你们读，也有一个感觉，就是激动人心。同学们把这个词语抄了两遍，看来这个词同学们印象较深刻。我觉得读两遍确实比读一遍好，更有节奏感、韵律感，好听。一篇文章的内容用相对恰当的方式、生动的词语把它写下来就更能激动人心。好像下课了，老师不应该拖课。问大家一个问题，你们认为张老师算得上文质彬彬吗？

生：算！

师：这堂课你们觉得还满意吗？

生：满意！

师：（笑）哇！晚上我会睡不着觉的！太久没给小学生上课，都不知道该怎么上了。大家喜欢张老师吗？

生：（异口同声）喜欢！

师：那今后张老师会常来！

（生兴奋地做出"V"的手势，并欢呼）

师：希望同学们以后上课更主动些，更敢于表达自己的情感。好，再见。

教 后 评 析

与上课不期而遇

今天是"丑媳妇见公婆"。我很少这么公开地上课。其实，课堂对我有一种美好的诱惑。这节课并不是说就代表我对"生命化教育"的全部理解，我所呈现的只是课堂应关注哪些问题、哪些价值需要有效地传达。下课后，学生对我说："张老师，你不要这样来去匆匆，最好能住下来。"对此，我感到很幸福。

今天，与上课不期而遇，上了一堂没有准备的课。其实，在课前我还没有想好应该怎么上，但是我有强烈的与孩子交流的意向，把教材当成文本来与孩子交流。这篇课文写得扣人心弦，课堂上，我故意给学生设置了一定的难度，我让学生说、交流、写，孩子们还是显得比较主动，参与的热情很高。在小学阶段，孩子的自信心、参与、表达、合作、交流以及对人生更美好的期待，对其一生具有奠基性的作用。我们应该让学生大胆地表现自己，给学生更大的发展空间。对农村的孩子而言，缺乏勇气、活力、热情是一大弊端，不自信、不从容的问题不一定表现在学习上。孩子普遍自卑，不善于与陌生人交流。我们中国人往往"爱你在心口难开"，很少主动地表达自己，这对人的性格会造成不同程度的影响。

课堂上，我问孩子们知道不知道"生命化教育"，他们说知道。这还不够，应该让大家，包括每一个教师、每一个学生都知道。学校应有一个奋斗目标，这个目标不仅是教师的，而且也是学生的。

对于语文教学，我认为：

一要基于生活。不论什么课都应与学生交流，你有什么经验、看法，也应从生活引入。这节课我就从足球谈起，虽然这里的孩子对此不太了解，但应该引导孩子更热爱足球、热爱体育、热爱生活。

二要着眼于整体的把握。语文教学常把整体割裂为细节、局部、段落，我认为应引导孩子谈谈这篇文章讲了什么、怎么讲、什么地方好、好在哪里、什么地方打动自己、自己有什么不同的见解等。

三要引领孩子自主理解。课堂上，孩子感受到了福勒的伟大，还能说出西曼为球队的荣誉奋不顾身、有责任感，也很伟大。有个性、有独立见解的孩子是从课堂开始培养的，我们应让孩子有更多的问题、更多的独立见解。

四要注重对话的氛围与质量。对话氛围需要教师去营造，实际上，孩子们都有着强烈的交流愿望。在细节上，学生小组合作汇报时，我引导学生分清"我认为"和"我们认为"，从大处说是渗透知识产权的意识，这是中国人比较缺乏的。教师的引导要细心、忌生硬，应先鼓励、先肯定，对不足之处加以帮助、引导、建议，

13

氛围才能营造得更好，质量才能更高。

五要把目光引向更开阔的语文世界。阅读语文资料、开展语文活动、营造"书香校园"是农村孩子今后在各种人生竞争中不至于落后或落后太远的关键。农村孩子知识面窄、兴趣单一，原因在于缺乏引导。我们应激起孩子对更丰富、更美好的新奇世界的向往，而这不仅需要语文课堂这样做。

此外，要培养学生专注的精神。比如，引导孩子不急不躁、专注阅读、认真思考、举手发言；让孩子有勇气表达，善于表达，有自己的见解；把课堂上师生脱口而出的词语、成语写下来，让孩子知道黑板并不是老师专用的。教师要尊重孩子的见解，有时孩子的体会是独特的，如这节课中某些孩子对西曼的看法。另外，语文就声音来说是有美感的，词语读两遍就比读一遍好听。

（张文质）

课文附录

放弃射门

各种体育赛事中，足球比赛无疑是最精彩、激烈的。而高潮又在射门的那一瞬间。每一位足球队员，都会竭尽全力去冲击对方球门，捕捉机会，创造精妙绝伦的体育经典。射门进球对球员来说是一种激昂雄浑的体验，对球迷来说也是最激动人心的时刻。

我不是狂热的球迷，但那一次看球，却被一种人性美深深地震撼了。那是 1997 年 3 月 24 日一场英国足球联赛，由利物浦队对阿森纳队，此场的胜者将暂居联赛积分的第二名，有望在后面几轮比赛中争夺冠军，败者将与冠军无缘。这场比赛的重要性自然不言而喻了。

当比赛进行到 63 分钟时，利物浦队前锋、22 岁的世界级球星福勒带球突破，行云流水般晃过几名后卫，直插对方禁区。这时禁区里只有守门员西曼一个人。即使是技术平庸的前锋，也能将这个球捅入网底。福勒将球向右前方轻轻一拨，想让射门的角度刁一些，离对方球门更近一些，命中的把握更大些，同时也为了避免射门时与西曼冲撞。说时迟、那时快，守门员西曼简直疯了一般，在福勒出脚的瞬间，不顾一切扑出球门，他要用身体堵住势在必进的足球。西曼十分清楚，这一扑有极大的危险，只扑住足球而不接触福勒身体的可能微乎其微，一旦扑到对方身上，自己必然受伤，还可能被罚点球。西曼明知后果，却还是奋不顾身地扑了上去。就在福勒已经完成百分之九十的破门动作，只差最后一击时，西曼已经闪电般扑到他的脚前。如果此时福勒出脚踢中了西曼，责任都在西曼，他没有犯规。就在这一刹那间，福勒猛地将脚收了回来。由于出脚太猛，又收得太疾，身体失去平衡摔倒在地。为了避免对手受伤，他放弃了一次成功的辉煌。

主裁判分明看见，福勒是被西曼扑倒的，出示红牌将西曼罚出场外，并罚点球。面对这种判罚，进攻球员都会感到庆幸。可福勒却向裁判再三解释，西曼并没有碰着他，他是自己倒下的，请求裁判收回处罚。裁判被福勒感动了，修改了成命，没将西曼罚出场外，但是要罚点球。

点球由福勒主罚，福勒却认为不应该得到这个点球，主罚时显得漫不经心，故意将球正正地踢向西曼胸前，任何一个守门员都能毫不费劲地扑住这个"温柔"的点球。

西曼经历了刚才的戏剧性场面，情绪尚未平静下来，技术发挥失常。他扑住了福勒送给他的这个点球，球却脱手弹到了福勒队友脚下。队友捡了个漏，轻轻一脚，将球送进了网底。

全场观众对福勒高尚的体育风范报以热烈的掌声和欢呼，其中包括支持福勒对手的观众。国际足联秘书长看完了这场球赛，也抑制不住敬佩之情，写信给福勒："……这是一种保持足球运动团结的举动。在这场如此重要的比赛中，你表现出来的风范，将成为所有运动员学习的榜样。"

（周腾飞）

聆听诗的声音

——《鸟鸣涧》课堂实录及评析

背 景 说 明

2007 年下半年，生命化教育课题组的陈弋老师调动到当时还只是一所小学校的福州市井大小学担任语文教学工作。在这期间，我们对小学校的语文教学特别是古诗文教学进行了一些研讨和尝试，我也希望能经常到中小学做义务讲学。2008 年 4 月 15 日下午，我到井大小学听课并上课，陈弋老师先上了一节小学一年级的《咏鹅》，接着我给五年级的孩子上了一节《鸟鸣涧》。我的这堂课在下课铃响之后还没有一个清晰完整的结尾，下课铃响后孩子们的表情有些茫然，这不能不说是这堂课的遗憾所在。

课 堂 实 录

一、课前准备

师：大家准备上课了。今天到电教室上课跟在自己

17

教室上，感觉有点不一样吧？有什么不一样？

生：老师不一样。

师：哦，老师不一样，这是最大的不一样。刚才后面听课的老师说我今天穿得太严肃了。你们会不会觉得我穿得太严肃了？

生：不会，还好，还好。

师：你们这么理解我啊？但是我要告诉你们，我今天穿得严肃是有原因的。从 2008 年开始，我都没有穿过西装，今天就是为了给你们上课，特意穿上了有点不太一样的西装。其实，我平时穿得也比较随便，今天之所以穿得严肃一点，就像你们来这个教室上课一样，我是希望在你们面前能显得比较端庄一点，但愿这个严肃不会给你们造成很严厉、很威严的感觉。

师：刚才还有同学说到，到这个教室上课还有一个不一样。除了上课的老师不一样，后面还有很多老师在听课。这会儿大家可能在感觉上也会有一些变化，但是上课了，可能感觉就会好起来。我也发现有一个不一样，就是你们的座位显得比较挤一点，要请大家相互谦让一下，好吗？

师：那我们现在准备上课，不用站起来了，站起来比较挤。我忘记介绍我自己了，我姓张，叫张文质。今天大家有没有看到下面挂了一个红的条幅呀？

生：有。

师：那个红条幅上面写了什么？请一位同学来说一

18

下。刚才你说见到下面条幅写了什么？

生：欢迎谁来这里义务讲学。

师：好，她刚才至少说了是欢迎谁来这里讲学。重要的内容还是说出来了，但是另外一个词可能比较陌生，要记住它比较困难，是什么？哪位同学说一下？（指着后排一位男生）你接着说。

生：全国教授……

师：当他说的时候，大家安静下来听他说，他可能一时记不起来，但大家安静下来他说不定就记起来了。你再说一下。

生：全国教授专家。

师：有两个词你至少说对了，"全国"还有"专家"。请坐！还有谁能够完整地说出来？你来。（请第一排一位举手的男生）

生：全国教育……

师：哦，又发现一个关键词"教育"，不是军事也不是体育方面的。还有谁？很奇怪，今天这个条幅是什么时候挂出来的？

生：今天早上。

师：你们有没有认真看一下？

生：……

师：哦，反正有热烈欢迎某一个机构来讲课是吧。

生：义务讲课。

师：哦，对！还有一个词——"义务"，不是今天上完课就收钱的。这个条幅上写着"欢迎全国生命化教育课题专家到校义务讲学"。大家可能对生命化教育不了解，张老师就是生命化教育课题组的老师。其实这是我第二次来井大小学，上一次来的时候很惊讶，因为我经常在外面的马路上走来走去，但是从来没有发现我们井大小学在这个地方。第一次来的时候让我印象很深，学校虽然很小，但是校园很美。你们有没有发现校园很美？

生：有。

师：美在哪里？你说。

生：学校里有绿树。

师：那是什么树？

生：樟树，还有榕树。

师：这个季节，你发现樟树怎么样？对，都长出了新的叶子。我上一次来的时候就发现，虽然我们校园很小，但是树木很漂亮。陈弋老师跟我说，学校准备盖新校舍，当时我就有一个小小的担心，我担心这些树在盖新校舍的时候得不到保护。等这些新校舍建起来了，这些旧树就没了。如果这些旧树没了，我们在新学校里面能感受到春天的气息吗？可能有点困难。但是我们现在这样一看绿叶，就知道春天在我们身边。春天的美、春天里嫩绿的叶子，给我们的感觉就是充满希望的。所以我们生活在这个校园里，也要去感受一些校园的细节，哪怕是挂一个条幅出来，也要仔细看看，看它说了什么。看到春天有变化了，我们通过仔细观察，弄清楚这个变化到底是从哪里来的，比如说榕树，你知道它是春天落叶还是冬天落叶吗？

生：春天。

师：对，榕树是春天落叶，我们这个香樟树也是在这个季节落叶，要是在北方，最典型的一句话叫什么——秋风扫落叶，但是换到我们这儿就用不上了。

二、感知课文内容

师：今天我要给大家上什么课？

生：《鸟鸣涧》。

师：我曾交代你们老师让你们回去预习一下，有没有预习过？

生：有。

师：那有没有同学到公园里观察过？

（无人答）

师：有没有？一个都没有？那我先说一下，可能两件任务一起做比较辛苦。现在你们没到公园去，只做了一件事，会不会比较认真啊？

生：会。

师：声音响亮一点。

生：会！

师：我马上考一下，《鸟鸣涧》能不能背出来？

生：能！

师：好，那大家背诵一遍。

生：《鸟鸣涧》，唐，王维。人闲桂花落，夜静春山空。月出惊山鸟，时鸣春涧中。

师：哇，太精彩了，声音非常响亮，虽然用大声音背诵的方式不符合王维的心情，但是背诵效果还是不错的，是吧？刚才第一项任务你们已经过关了，现在有更严峻的挑战，你们能不能把这首诗默写下来？

生：可以！

师：有没有谁能够到黑板上写出来。请四位同学到黑板上把《鸟鸣涧》默写出来。其他的同学怎么样？

生：在纸上默写。

师：你们简直都能替我上课了。在下面自己默写，先写下能写的，还不知道的你可以翻开书看一下，写完以后就看看在黑板上板书的几位同学写得是否正确。

（学生默写中）

师：写好的同学在下面自己再默读一遍。怎么样，都写出来了吧？

（一位女生又重回黑板修改）

师：（指着黑板）写得怎么样，有没有差错？

生：好像没有。

师：仔细看一下，没有差错，你们是不是都默写出来了？

生：是！

师：你们写得有没有差错？

生：没有！

师：那我这节课干吗呢？你们什么都会了，不但会背诵，也会默写……

生：意思，翻译，中心思想……

师：哦，中心思想，什么叫中心思想？

生：还要了解诗人的背景。

师：哦，这位同学说得太好了，诗人的背景。这是什么时代的诗歌？

生：唐朝。

师：作者是谁？

生：王维。

师：王维是一个什么样的人物啊？

（生纷纷回答）

师：等一下，等一下，我们要养成一个习惯，大家举手回答，谁先举手我就请他（她）先说。这位同学刚才已经有机会上黑板板书，我看到你（左边的一位同学）也是快速举手，你说一下。

生：王维，唐代著名诗人……书法家……（看着书，非常小声地念）

师：好，她说得怎么样？

生：好。

师：很好。（带头鼓掌）我首先要表扬她的是什么啊？

生：勇气。

师：有勇气，勇气是最重要的。其次是什么？

生：声音。

师：朗读的声音是否响亮，这跟勇气有关。同时呢，她确实做了一些准备，她对王维生活的一些基本背景作了介绍，大家即使对王维不了解，听了她的介绍以后应该也会有所了解。

师：我们知道了王维诗歌的特点、艺术成就以及他在绘画、音乐方面独特的造诣。但是我也要给她提一个小小的建议，我很希望她今后在介绍的时候不要拿着本子，你能够记下多少就说多少。当人家要你介绍的时候，比如在公交车上妈妈问你："王维是一个什么样的诗人？"你说："等一下，我把书包里的书拿出来。"那样效果会怎样？

生：不好。

师：同时，你看着书本朗读的时候，会不会影响你的表达呢？会不会影响你更有感情地表达呢？当我们能够脱稿介绍一个作者的时候，这也说明我们对他有了更深的了解。我们读一首诗，首先要了解作者的背景。王维还是一个相当厉害的人物。

生：画家。

生：艺术家。

师：王维可以说是一个全才，他出生在一个真正的贵族家庭。所谓的贵族家庭，就是他有一个很好的受教育的环境，衣食无忧，从小就受到良好的全面的教育，所以他后来的艺术成就达到很高水准，所以他走的路跟一些童年悲惨的诗人走的路就不一样。王维还有一点很厉害的地方，可能我这么一说你就会记住他，他是跟李白同年生、同年死的一个诗人。我们今天一说起唐代的诗歌，马上就想到李白、杜甫，其实在那个时代，王维的名气比李白还要大。因为他首先是名门贵族，交往的都是名门子弟，所以他的诗歌一旦写出来就被广泛地流传开来。他17岁时就写了一首诗，这首诗的境界是很多人一辈子"头悬梁，锥刺股"都不可能达到的，是哪一首诗啊？

生：（全）《九月九日忆山东兄弟》

师：没错，我们把它背一下好么？

生：（全）好。《九月九日忆山东兄弟》，唐，王维。独在异乡为异客，每逢佳节倍思亲。遥知兄弟登高处，遍插茱萸少一人。

师：读了这首诗，你觉得和王维隔得远吗？其实隔得很近。王维17岁就写下了这首诗，真是一鸣惊人，为天下所周知。这首诗虽然是少年之作，但是可以看作他的代表作品之一。他20岁的时候又考取了状元，但是他的仕途不是很顺利。仕途如果很顺利的话，就成不了后来的王维。所以说，人的命运有时候很奇特，他童年的时候成长的环境很好，受的教育很好，他的聪明才智很小就有机会发挥出来，就得到别人的肯定。但是，如果他一辈子都很顺利的话，他可能就写不出很好的诗了。所以说诗歌憎命达，一个人命运太好了，可能就写

25

不出很好的诗。我们今天学习的《鸟鸣涧》，开始时我不知道怎么来上这一节课，刚才这位同学告诉我，虽然我们会背了，会默写了，但是还需要了解诗人的背景。刚才另一位同学已经帮助大家把诗人的背景作了介绍，我又补充了两句。我对王维特别美慕的地方，一个是他的早慧，一个是他生在一个很好的家庭里。从童年开始，他就得到很多人的关注，但是后来他的仕途并不是太顺利，那么基本上我们已经建立了对王维的认识。刚才张老师说你们读得特别豪迈，这首诗适合像读李白的诗歌那样读吗？你来说一下，应该用什么样的方式读比较好呢？

生：抒情。

师：为什么抒情？

生：因为我觉得他这首诗写得很美。

师：你觉得他写得很美，美在哪里？

生：动静结合。

师：哦，动静结合，所以你觉得他写得很美。动静结合当然可以说是他这首诗歌的一个特点，但动静结合不一定就是很美。哪位同学再来说一下应该用什么方式读？这样，我们每一个人都默读一下，自己感觉一下用什么方式读这首诗是最好的。自己读一下，我也读。

（学生默读）

师：怎么样？有什么样的体会？哪位同学再来说一下或者再来读一下？试试看，什么样的朗读方式比较符合？好像王维就是那么读的。谁？好，你来试一下。

（生读得较慢，有感情，全班鼓掌）

师：大家为什么鼓掌？

生：因为她读得好。

师：有没有读出王维的感觉啊？

生：有。

师：还有谁来试一下？读出王维的感觉来。你来。

（生读，全班鼓掌）

师：两个人的朗读有什么不同？你来。

生：第一个读得比较缓慢一些，第二个读得速度比较快，声音比较大。

师：从你的角度来说，你更喜欢哪一个的朗读？

生：……

师：给你提出一个难题来了，可能两个你都喜欢。还有哪位同学试试看？其他的同学，谁来试一下？怎么样啊？你来试一下吗？你来试一下。

（生读，全班鼓掌）

师：我们班上的同学有一个很好的习惯，只要别人读得好，马上就自发地鼓掌，由衷地表达对他的赞美。其实我刚才有点难为大家，你说能找出一个给人感觉最像王维那样的朗读方式吗？能找出来吗？

（生摇头）

师：找不出来。我经常去听小学老师的课，某位同学读完以后老师说"再大声一点，再大声一点"。实际上，"再大声一点"就一定是王维所表达出来的那种感觉吗？

生：不是。

师：可能寻找这样诗意的表达、诗意的朗读是一件很困难的事。那么现在试一下，你们两位同学都读一下，都感受一下自己的朗读方式，好吗？来读一下。

（生读）

师：刚才让大家读一下，你看，现在我们不但会背诵，而且会默写。其实你有没有发现，与朗读相比，背诵跟默写很简单？（生答：是）说得太好了，难的是你要读出感情，而这个感情又是很微妙的，是非常个性化的，也就是每一个人都有不同的理解方式。我的目的就是让大家去体会一下自己的方式。那么接着我们再讲什么呢？你们刚才教了我两招，第一招了解背景，第二招朗读诗文，第三招……

生：了解诗意。

师：哦，了解诗意。其实你们都知道了，就我不知道，所以我现在想听听你们的高见。我们这位同学和其他同学分辨一下，她刚才是用什么样的方式来朗读的？那现在哪位同学来说一下，你读完这首诗有什么样的感觉？你喜欢它的什么？想一想，喜欢什么呢？王维总共写了这么 20 个字，就成了千古绝唱，凭什么呀？我们也可以随便写 20 个字，能不能成为千古绝唱？来，你先来说一下。大家安静，仔细听一下。你有什么想法？

站起来。

生：作者用"桂花""月出"……（听不清楚）

师：好，请坐，他说的大家有没有听清楚呀？

生：没有。

生：太小声了。

师：哦，可能是他没有面向大家说，我是听清楚了。他说作者用"桂花""月出""鸟鸣"描写出春天山林的幽静。其实能够谈出这点很不简单、很不容易。我大学读完以后差不多也就谈到你这个水平。但是你也有一个小小的不足，你知道不足在哪里吗？

生：声音不够大。

师：哦，这是生理上的问题，还是其他问题？

生：感情。

生：看书讲的。

师：对了，谁说他看书讲出来的？谁呀？哦，是你。我们是不是都有这个习惯呀？

生：（底气不足）没有。

师：我觉得这个习惯似乎要纠正一下。我们看到一首诗有没有难题呀？

生：没有。

师：这里面没有我们不识的字吧？

生：没有。

师：我们首先应该怎样来读这首诗？我说的读就是靠——刚才老师一直强调要靠自己去解读，要靠自己去体会，而不是把书本上的都背下来。以后每看到一首诗，首先就是看"有没有谁说过"，没有说过就什么都不会了，说过的就把它背下来，行吗？

生：不行。

师：不够的，这样对你们理解诗歌是不够的。有没有哪位同学能够不看小本子说一说你读这首诗歌的感受？有没有哪位同学来挑战一下？不要参考书，自己说自己的观点，有谁？想一想，思考一下。来，你来。

生：我觉得前两句突出表现了静态美，后面……

师：怎么个静态法？

生："人闲""夜静"表现出了静态美、山中的静态美。后两句"月出惊山鸟"的"惊"，还有"时鸣"体现出静中有动，给人一种很优美的意境。

师：你从诗中感受到意境美，大家说她说得怎么样？

生：很好。

师：不错，这比从书本上得来的那些看上去比较完整的答案更有意义。还有谁能接着说吗？哪位？刚才有些同学举手，举手是举给自己看的（做举手的动作，举得很低），应该这样举（做举手的动作，举得很高），举手是举给谁看？

生：给老师看的。

师：我们要学会有勇气举手，还有谁来说一下你的感触？你读了之后，除了刚才这位同学说的意境美之外，还有什么？你来。

生：诗运用了夸张的写法。"月出惊山鸟，时鸣春涧中"的意思是，月亮出来了，它竟然惊动了鸟儿，使它在山谷里不停地鸣叫。

师：这种写法非常夸张。

生：对。月亮升起来是没有声音的，但的确惊动了鸟，说明山中非常安静。

师：所以有点夸张。大家能接受她说的吗？她说得怎么样？至少是个人的见解啊。

生：是。

师：老师非常看重这点，个人的见解。有时候我可能不同意个人见解哦，但是我很欣赏她，至少她敢于提出自己的看法。你刚才有不同的意见，你来补充一下。

生：月出应该没动静，鸟应该不会叫。

师：月亮出来有没有动静？

生：没有，只有银色的光。

师：只有光，这个光怎么会产生这么巨大的效果呢？

生：山静。

师：山非常幽静。

生：月光。

师：月光非常明亮。我们学着去体会，去想象那座山。请坐，非常不错，敢于提出自己的见解。你们有没有在寂静的山林里面待过？

（部分学生说有）

师：有哪些同学在山上待过？你有，请你说一下。

生：夏天知了在叫。

师：这首诗里描写的是夏天吗？

生：（全）春天。

师：她的体会是，在山林里待着非常安静，在夏天只有知了的叫声，而作者描写的是——

生：（全）春天。

师：春天。还有谁在山上或者在很安静的地方独自待过？哪位同学？你待过，是吗？你说说看。

生：（很小声）……

师：哦，你在哪里待过？

生：（很小声）山上。

师：哪里的山上？

生：（很小声）永泰的天门山和鼓山。

师：永泰的天门山和鼓山。你晚上也待过，是吗？

生：（很小声）是。

师：请坐。一个人晚上在山上待过，我相信他的感受。

生：一个人啊？

师：或者跟家里人，晚上在山上待过，这个感受很重要。当我们读诗的时候，这个感受就可以跟我们的生活——

生：联系在一起。

师：联系在一起。好像王维写的诗我也经历过。记得我读大学的时候，我到一所学校去上课，问了指导老师一个很傻的问题：桂花不都是在秋天开吗？这里怎么会有"春山空"？这桂花是什么时候的？

生：秋天，秋桂。

师：而这是春天的桂花。以前从书本上得来的知识，只认为秋天有桂花，春天没有桂花。所以人的经验有时候非常重要。那么有哪位同学见过桂花呢？你说一下，桂花有什么特点？

生：桂花非常香。

师：桂花非常香，桂花是什么颜色？

生：灰白色。

师：灰白色，还有呢？

生：粉红色。

师：我不是生物学家，但是根据我的观察，桂花刚刚开的时候，是很淡很淡的黄色，然后慢慢地变成比较黄的颜色，然后变成深黄的颜色，然后变成金黄的带点褐色的颜色。我不知道我看到的品种和你们看到的是不是一样的。请坐。但是桂花像不像其他的花一样，风一吹就落下来？

生：不像。

师：那桂花容易落吗？

生：不容易。

师：（指着黑板）"人闲桂花落"什么意思？来，讨论一下。不要急着回答。好，现在请一位同学来回答一下。你来。

生：这个意思应该就是寂静无人的地方，桂花轻轻地飘落在地上。

师：哦，他刚才站起来时本来也想拿一个本子，但同桌马上提醒他不要拿本子。你说的是你自己的观点还是从书本上看来的？

生：从书本上看来的。

（下课铃响起）

师：哦，怎么搞的？一下子就上完了一节课！这里他实际上谈到了环境的幽静，但是桂花是不是只有在幽静的环境下才落下来？不幽静的地方落不落桂花？

生：落。

师：也落。到底"人闲桂花落"这个"闲"是什么意思？

生：安静。

师：除了安静还有什么意思？

生：幽静。

师：除了幽静还有什么意思？

生：没有人。

师：那王维在哪里？我关心的是诗人在哪里。

生：山谷里。

师：这个"人"是诗人还是其他人？

生：闲人。

师：我要跟你们急，在我看来，这个"人"是诗人。他这里讲的，是讲安静呢？还是讲……

生：讲他自己。

师：讲他自己，他怎么讲自己？

生：作者在山谷里面，桂花不知不觉地飘落下来，从他内心里面……

师：桂花从他内心里不知不觉地凋落下来？其实他说出了相当好的意思。同学们有没有发现，今天老师不是简单地给你们一个结论，而是让你们自己去体会？结论很容易，你把书本翻开，书里面的很多资料上网都能查到，资料可能会很丰富，但是那些东西不一定是你个人的体会。我希望大家在个人体验的基础上再去收集一些资料，再去丰富自己的见解。这样的话，我们可能对这首诗歌的解读就更深刻、更独到。所以——我也不能拖课，我没有想到我上得这么慢，上了半天一句都没讲完。你们有没有收获啊？

生：（全）有。

师：你们真会捧场！说一下，你们谁说一下？不能让你（第一排一个经常发言的同学）说了，刚才没举手的同学说一下。哪位？你来（同是第一排的同学），你就坐在最前面，听得最清楚，说说你的收获。

生：……

师：好，再想一下。再想一下，你来。

生：至少知道了要用自己的话来……

师：哦，他说最重要的是要用自己的话、自己的观点来表达自己对诗歌的理解，而不是仅仅搬用书上的话。哦，你（另一学生）还有观点。

生：我还知道了这个诗怎么读才能有感情，我也知道了这个诗怎么写才能写得好。

师：你知道了诗怎么读才能有感情，怎么写才能写好。哦，你也举手，你说。

生：我知道了这首诗的写作背景和作者的一些背景资料。

师：好的。刚才我上了一节课，上课之前我就有一个目的，我相信你们能够把这首诗背下来，能够写下来，我也相信你们对作者的生平有所了解，但是我很想跟你们分享两个方面。一是这首诗我们应该从整体上感受它，通过朗读的方式来体会，实际上这个感受有个人独特的地方。二是我们怎么进入这首诗的情境，比如说我们刚才讲了半天"人闲桂花落"，这个"人"到底怎么理解，这个"闲"到底是写他的心境还是写环境？

（部分学生：心境。部分学生：环境）

师：今天张老师不是给出结论，而是让你带着这个疑问再来思考。我最后还想再说一句话，一个人一生中至少有10首以上随时随刻都会想起的诗。那么，就从现在开始去寻找这10首诗吧。好，今天的课就上到这儿，谢谢大家。

生：（全）老师再见。

教 后 评 析

让孩子永葆爱诗的初心

古诗实际上是比较难讲的，特别是小学老师，我觉得有两种困难。第一种困难是我今天要"教"的东西学生其实已经都知道了，但很可能今天学下来一点收获都没有，他会背、会写，并且知道王维是谁，每一句话他都能从那个"本子"里找到，下一次上课他还是这样。现在为孩子"服务"的参考书多如牛毛，孩子们却一点自己的感受都没有，那种解释把课文内容嚼得非常细，所以孩子什么时候都是拿着本子来对付你。第二种困难是怎么教。老师能不能知道，能不能有自己独到的见解，能不能引导孩子自己去探讨这首诗？这两点都是很难的。我们的很多课堂都是"复制性"的，这种复制性的课堂是有很大麻烦的。为什么要说这一点？我的一位朋友在大学中文系教书，他发现现在的学生有两点最成问题：一是什么都不知道，什么书都不读，都不爱读；二是看完《色戒》以后，老是问汤唯演的角色到底是好人还是坏人，这个脑袋整个都废掉了。废人，他就不能理解人性的复杂，不能理解社会生活的复杂，不能理解时代的复杂。梁朝伟演的角色到底是好人还是坏人？你说这个大学读了干什么？这之前的中学又读了什么？这些都很成问题。这个问题今天从课堂上也可以看出来，我们这种考试制度真的把孩子的大脑给毁掉了。从小学开始，要介绍王维就是把本子拿出来，读这首诗也是把本子拿出来。这样当然可以考得好，但是我们能不能够激活有价值的东西呢？所以我很想知道，很想来感受一下课堂。我昨天甚至跟陈弋说："我来上一堂失败的课。"我要感受一下在课堂上我们到底要做什么事，要做什么工作，我就带着这个问题来。

从陈弋的课上我有一个很大的收获。以前听低年级的课我也一直强调这一点，备低年级的课和备高年级的课有很大的不同，你要分三次备课，前 20 分钟可能更多的是讲解、导读、集体性的活动，后两个 10 分钟可能更多的是游戏、个人感悟、个体化的活动，要不然孩子的注意力就不集中了。我观察并记录了时间，孩子开始捣乱的时候正好是在上了 20 分钟的时候，这是听陈戈老师课的最大的体会。其实我以前也一直强调，在低年级大班教学的课堂组织问题，这不仅是一个教学问题，实际上也是孩子的生理问题。20 分钟对孩子来说实际上已经是一种极限了。

我今天对整堂课的把握肯定是不行的，也正是因为发现了孩子的这些问题，我要不断地修正。后来我发现教学目的并不是给他们讲什么，而是让他们自己直接去面对文本。

我不知道这里学生的情况，这里的学生相对鼓一小、鼓二小的学生有距离，但我也不完全这样看这个问题。我的一个信念就是——你要相信。这个相信，从我今天上课的整个结构来看，就是让孩子来背诗，让孩子来板书。我不需要从零开始，他们一下子都会了。那我们来干什么？就是进入文本，去分析、体验、观察、用心灵去感受。课堂上有时候会冷场，有时候会出现学生答非所问或回答问题不全面的情况，怎么办？我觉得我们中国的课堂上有一个比较大的问题——老师的目的性都太强了，在孩子回答问题的过程中，太缺乏肯定孩子的意识，所以我觉得要把鼓励孩子作为评价的第一条原则。这个原则不是事实评价，而是一个价值引导：你回答得不错或你回答得很好。那个孩子回答完，其他孩子都说听不见他的回答，而我说我听见了。比如说，他回答了几个问题，我觉得他回答得还不错。后来我发现孩子一直在举手。今天当然没有机会，如果今天上两节课，我相信上到后面孩子能够有信心自主解读文本。有一点也很重要，就是老师要帮助孩子。如果他回答得不正确，你在鼓励的基础上要引导他；回答得不完整，你可以帮助他补充；他回答得不错但强调得不够，你可以帮他凸显答案。我觉得这些是一个教师应有的基本的价值取向——要相信、要鼓励、要帮助。

　　有一点是我在小学上课、听课的时候特别想要跟老师们研究探讨的，即我们现在对孩子要有信心，孩子们没有我们想象得那么差。我在课堂上比较注意这些（对每一个孩子的关注），比较注意鼓励他、激励他，让他兴奋起来。大家可以看，孩子在这节课兴奋起来了，有表达欲望了，很想参与文本解读过程了。有时候我并不是要给他们一个结论，而是给他们一个解读的方式，给他们一种思维方式，让他们以后能按照这种更好的思维自己去读。为什么我选"人闲桂花落"这句？实际上我很喜欢王维这首诗，无论你在什么样的环境里读到"人闲桂花落"，你的心情就会平静下来，就会变得安宁。我们需要帮助孩子热爱诗歌，也用自己的方式读自己爱读的诗歌。我跟陈弋说，我们来上课的目的不是给大家上一节示范课，而是大家一起来探讨我们课堂组还有没有其他的可能性，像我们这么多年来一直倡导的方式——共同研究。在共同研究的过程中，大家既有共同的特性，又有个人的特点。我想，如果我们都能用这种方式来思考自己的课堂，我们也会更有个性，课堂会变化，学生也会变化。

教师的调整要有智慧，要自然而不露痕迹，在课堂上不要停顿下来强调纪律。

很多人谈到王维这首诗的时候，都说现在再也写不出这样的诗了，因为今天的生存环境大不相同了。我想，这节课要接着上的话，我会引导孩子先进入，然后再退出来。进入是为了体验，退出来是为了审美，让孩子"虽不能至，心向往之"。要超越原来知识层面上的教学，摒弃以应试为目的的教学，摒弃以获得可靠答案为目的的教学，从个人的体验、感悟进入，最后能够出

来，把它看作一个再也不可能有的，但确实值得我们追求的一种美好的境界。从教育的意义上说，我们还是要帮助孩子，让他们返璞归真。

（张文质）

课文附录

鸟鸣涧

王维

人闲桂花落，夜静春山空。

月出惊山鸟，时鸣春涧中。

爱是不容易的

——《泰坦尼克号》课堂实录及评析

背景说明

2005 年，福州 37 名初三同学在福建省电教馆演播室上《泰坦尼克号》这一节课，我在播控室全程观看，有感于师生在课堂中呈现出的良好状态，我便要求接着上一节课。

课堂实录

师：刚才我在外面看你们上的一整节课，看完以后很激动。《泰坦尼克号》这个电影我也看过，我也很喜欢。特别是我们现在正在放的这首主题曲——《我心永恒》，非常优美，也是近几年来美国大片给我们印象最深的一首曲子。刚才上课的时候，不是播了很多电影镜头吗？你们对哪个镜头最有感觉？哪个同学来说一下你对哪个镜头最有感觉？好，你先来！

生：我对罗丝和杰克在那个木板上飘来飘去的镜头最有感觉！

师：为什么对这个镜头最有感觉？

生：因为那时候月光照下来，海面上两个人生离死别的一番话给人很真实的感觉。

师：《泰坦尼克号》你以前看过吧？

生：看过！

师：看过。那么是悲剧给你的印象深刻，还是美好的爱情故事留给你的印象更深刻？

生：我觉得悲剧色彩比较重一点！

师：为什么？

生：因为当我看到水里的尸体都硬邦邦的，跟木头一样时，我感觉太恐怖！

师：那么，在那恐怖的情境里面，男女主人公是不是也给你留下了很强的震撼力？

生：是的。

师：好，请坐。刚才看的时候有没有同学眼睛湿润了？你眼睛湿润了是吧？平时我们看爱情故事，有没有眼睛会看到湿润的？

生：有。

师：有，感谢上帝！我们都是正常的人，我们能够为爱情而感动。那么，杰克和罗丝之间的爱情，你觉得最令你感动的是什么？想一下，不用急着回答！最令你感动的，最让你印象深刻、难忘的，一想起这部电影就想起谁啊？

生：男女主人公。

师：好像他们变成了爱情的化身。等会儿，再想一想。

……

师：怎么样？可以回答了么？刚才我看你好像最有感觉。你来说说吧！坐着说也行。

生：我觉得是那个镜头，罗丝本来已经坐到救生船上去了，可是她看见杰克在大船上面，就又跳出去了。

师：就是这个，她已经坐上救生船了。

生：她其实已经可以活下去了！

师：可以活下去了，可是她为什么又跳出去了？

生：因为杰克在大船上面看着她！她看见杰克，不忍心，所以又跳出去了！

师：那还是一种真挚情感的吸引。就是生命中有时候有一些东西，难以割舍，是吧？在这个时候，可以用一个词来表达这个情感，你说说看？其他同学表达也可以。

生：依依不舍。

师：依依不舍够么？

生：还行吧。

……

师：其实这些词都是表达人的情感的，在某种程度上表达出来了。那么，除了《泰坦尼克号》之外，你们还看过哪些电影？有什么印象特别深的爱情故事？

生：《唐伯虎点秋香》。

师：你来说一下！

生：唐伯虎为了娶到秋香，自己所有的本事、什么办法都用尽了。到最后还是得不到秋香，非常难受。

师：实际上，人都需要在他所爱的人面前表现自己。也就是说，爱情也需要有恰当的表达方式。这个给你印象很深？

生：没错。

师：好，还有么？你说。

生：我觉得偶像剧《流星花园》里面，道明寺因为杉菜而被他妈妈锁在家里，并且病得很严重，而杉菜冒着大雨在楼下等他，一直等到道明寺的妈妈放他出来。所以他们之间是因为有真爱才会这样。

师：就是真爱值得等待。还有吗？你来。

生：《罗密欧与朱丽叶》。

师：《罗密欧与朱丽叶》，这是莎士比亚的经典爱情故事。

生：罗密欧与朱丽叶是相爱的，可是因为家族的原因而无法在一起。后来，为了证明他们的爱和化解家族之间的仇恨，他们最后用死来证明他们的爱，证明爱是无私的。

师：有时候会因为爱不能实现，爱有很多阻力，甚至需要我们用生命来证明。爱是无私的，爱是纯洁的，爱是能够超越仇恨的。对吧？

生：是。

师：非常好。这是莎士比亚经久不衰的经典之作，可以说是永恒的爱情经典。你在哪里看的《罗密欧与朱丽叶》？

生：书上。

师：你们的课本里有？

生：没有，是从课外书上看的。

师：还有同学说一下让我们感动的爱情故事吗？你来！

生：美人鱼的故事。

师：哦，美人鱼。

生：美人鱼，她为了王子，把自己的舌头给割掉了，变成了人形，但是她就不能讲话了，最后她还是为了王子而死了。

师：这个故事一说啊，我们马上就觉得心肠变得柔软起来。一个人，为了能够去接近她所爱的人，然后要改变自己原来的形态。这个形态改变了以后，她是可以跟他接近了，却不能表达出情感了。但是她心里还是感觉到很幸福，为什么？因为看到所爱的人，因为所爱的人幸福，她也感到幸福。这个爱情是特别崇高的。好，请坐。还有么？好，你来。

生：我曾经在《读者》里面看到一篇文章《洛基山

46

的雪》，写的是男女主人公在一个山里面迷了路，而且到处都是雪，因为没有东西吃，男主人公就去找食物，可是找不到。他回来的时候把手臂砍掉了，就骗女主人公说，他的手臂是和野兽搏斗的时候断的，其实他是把手臂烤好了给女主人公吃。那个男主人公就因为这样死掉了。女主人公到最后才发现，手臂是被她吃掉了！我从中看到了爱的无私。

师：所以说爱有时候要做出牺牲，这种牺牲平常人难以理解，特别是在一种很特殊的生存环境里面。人类有很多高尚的情感，我们一旦和它接触了，就会受到它的感染，这些也可能就化成我们的某种精神特质。请坐，谢谢，你已经叙述得非常流畅、非常感人。还有吗？也可以说一些很圆满的爱情故事。你说说看。坐着说也可以。

生：茶花女，她的地位在社会上比较低下。

师：交际花。

生：但是她还是遇到了真爱。为了她爱的男人的家庭，她虽然改变了很多，可是男主人公的家族还是反对。最后，为了男主人公的幸福，她还是回到了自己那种很悲惨的生活中，这让我感到很敬佩。

师：《茶花女》还有没有同学看过？说起来啊，茶花女的故事，最早翻译它的还是我们福州人。福州有个林琴南，又叫林纾，他不懂外语，但他翻译了大量的外国文学名著。他是请别人（会外语的人）口述，然后自己记录下来。当然，记录下来的时候都加以改写，而且把自己的情感改进去了。所以，茶花女这个爱情故事，当时一翻译出来，就产生了很大的影响。大家想，世界上还有这么美好、这么崇高的爱情，它燃起了很多人对这种美好爱情的向往。甚至有一些人后来看到小仲马原作的时候，感觉它还不如林纾翻译的有味道。为什么有味道？因为林纾在其中赋予了更多的个人感情。刚才大家谈了很多的小说、电影、电视中的爱情故事，你们觉得这些爱情有哪几种类型？这个问题需要考虑一下。最打动我们心灵的是哪一类爱情故事？

（生思考、讨论）

师：讨论好了吗？还有一些同学刚才没有回答问题。刚才还没有回答问题的同学先来好不好？让大家都在镜头里面有一个形象。好，哪位同学先来？你来。

生：爱就是不求回报，为了爱可以牺牲一切。

师：为了爱可以牺牲一切，而且不求回报，这样的爱情故事是最感人的。是吗？好，这是一种。还有吗？好，你来。

生：历经磨难，但又不能结合在一起。

师：这位同学说，历尽千辛万苦，最后还是不能结合在一起。这样的爱情故事留下了千古之惆怅。好，请坐。还有呢？你来。

生：双方家庭都反对，他们又为爱情付出了一切，然后终于在一起。

师：虽然有各种各样反对的声音，但是两个人很坚贞，对爱情非常有信念，最后终于能够走到一起。还是比较美好的。请坐。还有吗？

生：就是两个人都为了这种信念，最后都一起死了。

师：殉情，就是爱超越了生命。是吗？为了爱，不惜牺牲自己的生命，就是把爱看得比自己的生命更为重要，这又是一种类型。还有没有啊？

生：自然爱。

师：这个说得也有道理。你说说看。

生：因为他们突然走到一起，但由于兴趣相投，又没有身世背景的问题，就突然爱上对方了。就这样了。

师：这种爱情看上去很平淡，没有那么波澜起伏，但是这样的爱情让人向往吗？

生：向往。

师：让人向往。每一个人都渴望过一种很平淡的、很自然的幸福生活，就是每天回家，有一个非常温暖的家庭环境，两相厮守，这是不是也是一种？

生：跟我爸爸妈妈一样。

师：跟你爸爸妈妈一样哦。我就怕在咱们班同学里面，没有见过、听过这样的爱情故事。的确有这样的爱情故事，这是中国人所追求的一种爱情——举案齐眉、相敬如宾。还能举出其他的例子吗？哦，你还有。

生：在古代，有一种说法叫"棒打鸳鸯"，而本来不相识的一对青年男女因为父母或者是媒妁之言又变成夫妻，这样的生活会很痛苦，因为没有爱情。

师：父母之命，媒妁之言，原来相爱的人不能结合在一起，而不相爱的、没有感情的又要生活在一起，这是一种悲剧。爱情的类型能归纳得完吗？

生：归纳不完。

师：归纳不完。实际上，只要有人的存在，就有爱情。只要有爱情，就会有各式各样的、不同的爱情故事。但也可以说，千百年来，人类对爱情就非常向往。有一位哲学家说，人类一生下来就有一种病，这种病随着年龄的增长越来越让我们着魔。

生：相思病。

师：这就是爱情，这就是情感的需要。你们平时谈论爱情吗？

生：不谈论。

师：为什么不谈论爱情？

生：中学生不宜谈。

师：平时很少交流。但在心里有没有想象过爱情呢？我现在再和大家来谈一下，为什么不谈爱情？

生：因为中学生要以学业为重。

师：这个说的肯定没错。是吗？我想说的是，比如我们看了《泰坦尼克号》，我们能理解爱情吗？能理解。实际上，我们对人类这样一种美好的情感都能理解。有这种体验或者这种经历，你觉得对你们来说重要不重要？

生：重要。

师：这种体验、这种感情、这种积累，还是很重要的。那么，在学校里面，老师会不会和你们谈爱情？

生：不会。

师：老师会不会谈一些？比如说，在教学过程中，有这样的一些故事，他会对这种情感进行启迪。有没有？

生：有啊。

师：好像有。就是说，老师还是很注重给你们一种美好思想的启迪。那么，回到家里，父母亲会不会问你这一类的问题？

生：不会。

生：会。

师：会的同学说一下。一般而言，父母怎么关心你们的情感生活？

生：妈妈会问我："有没有女孩子追求你？"

师：就是父母很直接地把爱情简化为有没有女朋友。当父母问这个问题的时候，你有什么感觉？

生：没有。就是有，也不会说。

师：为什么你觉得有也不会跟父母说呢？

生：讲完之后，他们肯定会唠叨，过一段时间还会再讲。

师：你是不是感觉父母对爱情的看法跟你不太

一样？

生：有代沟。

师：你觉得代沟表现为一种什么样的状态呢？

生：无法沟通。

师：这种代沟是父母一方造成的，还是双方造成的？事实上，你们心里都有一些小秘密，愿意跟父母分享吗？

生：不愿意。

师：我的孩子个头也跟你们差不多，听到你们说不愿意的时候，我心里感到很悲哀，她可能也存在这种情况。不说爱情，你平时跟父母交流过吗？

生：不多。

师：一个月有几次这种交流，超过5分钟以上的交谈？

（生讨论）

师：看来大多数都有两三次，多数是在吃饭的时候吧？那么在饭桌上父母说的最多的是什么？

生：多吃点。

师：多吃点，吃饱点，吃快点，马上去做作业！

生：对，对，对！

师：父母更关注的是你们物质的需要，但是精神方面不关注。还有没有哪位同学的父母会关心你的情感问题？你来。

生：我爸好像也问这一类的问题，但是他好像不是直接问我，而是间接开导我。他说，只要是个正常的人，就会有情感的需要。在我这个年纪，可能心里面会产生对情感的渴望，可是并不知道如何正常地操作它，所以说，还是不要去接触它。

师：那你能接受父亲这个观点吗？

生：勉强接受。

师：仔细说一下，为什么是勉强接受？

生：我觉得我毕竟已经长大了，对一些事情应该有自己的看法。实践中应该怎么做，我应该会掌握分寸，没有必要一味地去说。

师：那就是说，在父母眼里，你们还没有长大，是吧？你们对父母的这种看法是不是有想法？父母可能把你们过分地儿童化了，是吗？那我要避免重蹈覆辙。父母整天看着你们长大，但不知道怎样和你们交流。这可能就是这位同学所说的代沟。要逾越代沟，就需要交流。对于爱情这类问题，大家都觉得很棘手吧？但你每天打开报纸，会发现各种各样的问题，这实际上是一个很现实的问题。并不是我们回避它，它就会消失。那么，如果从父母的角度来看，你会怎么与孩子交流爱情？你说。

生：我觉得，父母更应该从孩子的角度去考虑一些问题，考虑完之后，找出孩子的一些不良因素，对孩子敞开心扉来谈这些不良因素。不要觉得孩子听不懂，其实孩子还是听得懂的。拐弯抹角不如大家都敞开来讲，这样会好一点，孩子也会比较好接受一些。如果孩子会去跟父母讲，说明孩子还是愿意跟父母沟通的。有时候，如果不愿意讲，说明已经有问题了。

师：一是父母与子女都要坦诚，是吧？二是尊重，就是说，你现在已经长大了，对事情有自己的理解了。三是需要一些沟通技巧。

生：我觉得他们说的都没用。也许，我们会觉得父母不理解我们。也许，有时候是我们不理解父母。也许是父母都听得懂，是我们觉得父母不必了解。

师：哦，这个观点也很好。我作为一个父亲，很爱听这样的话。她的意思就是，实际上有时候我们也要转换一个视角。我们能理解父母吗？我们能宽容父母吗？我们是不是能够由衷地尊重他们这样的情感呢？可能也需要，是吧？换一个角度，实际上我们在长大，长大的过程中需要一种很重要的情感。如果这样，在家里就能够谈情感，谈很多微妙的问题了。

生：我觉得父母可以理解，他们也是从这个年龄过来的。

师：对，你这点说得很好，人都是这么成长的。所以，人的很多情感基础是一样的。谈完父母，你觉得在和老师的交流上，特别是遇到这类问题时，交流有没有困难？

生：没有。

师：没有困难。有没有谁觉得有困难？不要觉得老师坐在外面。这是需要我们面对而且是可以谈论的问题。比如说，学校的很多规定，你们认为涉及情感的规定，哪些特别不好？

生：男女有别。

师：男女有别。这个规定特别不好，是不是？男女生虽然在性别上有差异，但在情感上是一致的。那你们遇到情感上的困惑时会找老师交流吗？

生：不会。

师：为什么不会？你说。

生：老师也许会阻止你，而你也不一定会接受。

师：为什么就不会觉得老师会帮助你呢？你说。

生：我觉得，有些事情跟老师讲其实也挺好的。老师毕竟也是从学生年代走过来的。知道我们的想法，跟老师讲这些事情，他是可以理解的。而且，这样和老师沟通完后，我会觉得心里很舒服。当你很迷茫的时候，老师突然给你指点一下，你就会觉得非常好。

师：就是你在生活中还是遇到过这样的老师。一个人能遇到好老师是一件很幸福的事情。以后你们会回过头，会不断地体会到这种幸福。刚才有一些同学还说到，不好交流，有哪些情况使你们觉得不好交流？

生：老师教的科目不同，有的老师，像理科老师，基本上不会和你讲这些。

师：理科老师想这不是他的任务。

生：现在有的学校都有心理咨询老师，跟那些老师交流比较好。

师：你们学校有没有心理咨询老师？

生：有。

师：你们有困难时基本上到心理咨询室，是吧？因为心理咨询老师更专业。这个更专业，是说他有一种更专业的态度，更耐心，还有帮助你的技巧。这种交流可能会更好一点。你刚才特别指出，理科老师不愿意跟你们交谈这些问题。你是不是也很希望理科老师和你交谈这些问题？

生：个别理科老师会和我们谈这样的问题，比如说我们的数学老师。

师：是吗？那你会不会觉得特别喜欢这些老师？

生：有时候会，有时候不会。

师：说具体一点。

生：就是说比较啰嗦。

师：他平时愿意和你交谈的时候，你也希望他能够很简洁、很明了、很风趣。唠唠叨叨，这有时候也是一种疾病。这是我们谈的第二种交流。我还想问你们，平时有困难、有问题的时候会不会一起交流？

生：会。

师：这个回答最响亮。看来，你们觉得最适合交流的是同学，为什么？

生：互相最了解。

师：有一个情感的基础，也有一个共同的问题。

生：我觉得交流必须建立在双方互相信任的基础上，和自己玩得好的同学可以信赖，可以把自己的想法告诉他，而他可以指导你，并且……

师：可以替你拿主意、想办法，是吧？这是你所说的同学之间的交流。实际上，我们所说的三种类型的交流，即跟父母交流、跟老师交流以及和同学之间的交流。所以，这里我们已经跳出了爱情这个话题，就怎么交流、怎么沟通而说。我现在很想让同学们把在交流过程中觉得最重要的因素写下来。待会儿我们一起来分享。

（生纷纷写下他们认为的重要因素）

师：差不多了，是吧？哪位同学先来说一说自己认为有哪些要素在交流过程中特别重要？哪位同学先来？你来。

生：首先，在交流过程中要真诚，很自然地把自己内心存在的问题说出来；其次，对方要值得我们信赖，有责任感，不会把我们说的话说出去；再次，要尊重我个人的感情，要比较热情。

师：好。谁接着再来？

生：我觉得最重要的一点是双方要展现自己最真实的一面。

师：要真诚。好，还有呢？你来讲讲。

生：我觉得在交流的时候要注意说话技巧，对不同的人要运用不同的交流方式，否则会伤害别人的自尊心。讲话的时候，态度也比较重要，当别人和你讲话的时候，你要比较热情，不要很冷漠的样子。还有，面部表情要温和，如果过于严肃的话，别人就不敢和你讲很多话。

师：说得很好。那我现在的表情呢？来，男生说。

生：我觉得最好是同年龄、同性别的人在一起交流，因为我们有更多的共同语言。

师：好，同龄，又是同性的，更好交流。

生：谈话双方要有一种感觉，有相同的感觉才谈得下去。

师：就是要有相同的感受。还有其他新的见解吗？我刚才看见你写得不错，说说。

生：双方要坦诚相待。交流要建立在双方能理解对方的基础上，能够为对方解决困难，在对方受到挫折的时候能帮助对方。

师：还有这两位同学刚才好像都没有提供自己的见解，现在你们来谈谈。

生：我们都差不多。

师：大家都来概括一下，在交流过程中哪些要素比较重要？坦诚、真诚；讲究语言技巧；要有理解的基础；态度要端正，就是要诚恳、热情。这些要素在我们实际生活中是非常重要的。无论是和同学交流，还是和老师交流，包括和父母交流，都是很重要的。我的想法是这样的，今天大家也都谈到一个问题，有时候我们和父母交流，可能问题出在我们身上，也可能父母有一些问题，跟老师交流有时候也会有一些问题出在我们身上。大家都特别谈到坦诚，实际上我们对父母、对老师也需要一种坦诚的态度，哪怕是像爱情这样的话题，我们觉得不好谈，但如果没有一个坦诚的基础，那可能就更难谈了。国外有一个很经典的心理学故事：有一个心理学家有一天和一个小孩（小学三四年级的孩子）一起走。小男孩走在路上，看见对面一个漂亮的女人走过来，心理学家注意到孩子的眼睛——他的眼睛不是正视她，而是偷偷看着她。心理学家就发现，当小孩用一种不正常的眼光看的时候，这种美好也就变成不美好、不纯洁了。所以心理学家就跟孩子说，如果觉得对面的女人很美，你就应该正眼看她、真诚地看她、坦然地看她，这样你的心理就是健康的。大家能理解这种情感吗？

生：能。

师：实际上，我们今天说的是从《泰坦尼克号》引出来的对爱情的理解。我想说的是，大家在生活中无论遇到什么样的问题、什么样的情感困惑，我们都需要真诚地去面对它、坦然地面对它。当我们遇到困难的时候，找一个恰当的人沟通或进行交流，就有助于问题的解决，有助于我们的成长。最后，也希望大家的情感生活都能够更为圆满。今天我们的课就先上到这里，谢谢大家。

教 后 评 析

遇见，从此不同

不是星期一，不是课表上的黑体字"第三节语文"，不是惯常的那位老师，不讲应该讲的那一课。有一天孩子们会遇见，遇见一个人愿意跟他们说说话，谈谈爱情。打开这扇关闭很久的门，或者进入"纳尼亚壁橱"，课堂就变成一个稍微有点神奇的地方。

1. 说爱情，大大方方

文字记录的一堂课，似乎遗漏了很多，而遗漏又给关注这些东西的读者提供了想象的空间：宽松的氛围、师生对话时的目光与微笑。我还愿意想，那间教室的光是怎样的？应该是柔和、明亮的吧？

爱是不容易的，大大方方地谈爱情也是不容易的。除非有一个契机，遇见一位老师、一部电影。张文质先生开启的这个搁置太久的话题，使我们心里暗暗说：是该好好谈谈爱情了……

谈孩子们知道的，谈不一样的人遇到的不一样的爱情，也谈爱的本质。

爱情是自然的事，春天来了，草木萌发新绿，孕蕾开花，就这么自然地说吧。你说我说，说你说我。少年善感的心灵是一块沃土，如果没有人在这块土地上种植玫瑰，荆棘杂草就会很快占领它。这样的课，就是在做种植玫瑰的事。

看得出，孩子们越来越会说，越来越容易表达对爱情的看法。他们的思路拓宽了，视野开阔了。他们说出自然的爱，知道了生活中本来就有的"平淡的"幸福，听到老师说"爱情这种病"使我们着迷，他们一定笑了。但跟刚开始谈爱情的羞涩相比，这会儿应该更自然了吧？

2. 旁逸斜出的枝条，缀满花朵

如果我是教室里的一个学生，这堂课之后，我最难忘的是什么？

我会记得《茶花女》，想看看《巴黎茶花女遗事》，品尝一下林纾译本独特的味道。想更多地了解林琴南先生，或许从此走进一个独特的文字世界。

我还会记得老师说"美人鱼"时的声调："这个故事一说啊，我们马上就觉得心肠变得柔软起来……"我会想：为什么会柔软？因为爱，因为美，因为痛？

我想再读一次这个故事，也想把故事讲给亲近的人听，听完之后我们也像这堂课一样，谈谈爱情。一堂课上得好不好，听课的人心中自有标准。就学生而言，参与过，思考过，真诚地表达过，被信赖的人倾听过，一节课结束了，但在他们心里这堂课还会以某种方式继续"上下去"，他们还想找人说说这个话题，想找一本书看看。

就我自己而言，似乎又回到"学生状态"，愿意跟随课堂里的师生一起活动，有时候还有举手发言的欲望。听完这堂课之后，很想快点回到自己的教室，像文质一样，也跟学生说说爱情。

文质先生这堂课就是上一堂《泰坦尼克号》衍生出来的，就像旁逸斜出的枝条，但是缀满花朵，很美妙。

3. 餐桌话题，说吧

这一课后来转入"沟通"的话题。或许是因为老师意识到，爱是不容易的，交流也是不容易的。我认为倾心交谈、安静聆听很接近爱，接近爱的本质。

在阅读张文质先生课堂记录文字的时候，我感觉到对话的温度并不特别热，刚刚好，是让人感觉舒适的那种。把想说的安全地说出来，就算曾经有障碍，"这一刻"阻碍表达的东西也没了，几乎所有说话的人都成了"很会说话的人"，自然顺畅不难得。

在这儿学习对话吧，课堂对话本身就是交流的范本。

老师是倾听者。我想张先生（我听过他的讲座，也像朋友似的和他聊过天）在课堂上也一定是如我见过的那样，善于倾听。他用眼神、用身体、用心，传递给说话的孩子这样的信息：你说吧，我喜欢听。

学生们看到老师"这样听"，感觉自己这样"被倾听"，他们学习倾听，也变得善于表达。在课堂或者在生活中，我经常见到这样的有趣现象：认真的倾听者，听一段时间之后，很轻松地变成健谈的人。

老师是观察者。他说:"还有这两位同学刚才没有提供自己的见解。现在你们来谈谈。"

看得见,记得住,谁没有参与谈话,邀请他们谈,即使他们没有说什么,他们也知道在这课堂上没有人是可有可无的,他们都在老师的心里。

有人这样说,给人提供丰富精神营养的谈话、阅读是"精神的盛宴"。我觉得,文质先生上的这堂课叫"盛宴"过于奢华了些,我愿意说它是可口家常饭。晚餐餐桌上,一样样朴素实在,不以规模胜。

给我或许也给学生留下深刻印象的可能是:一堂有意思的课,一个有意思的人。

是细节使这段短小的时光丰盈,是思想赋予这个时段以光泽。

(赵克芳)

课 文 附 录

泰坦尼克号

1912 年 4 月 14 日,星期天晚上,一个风平浪静的夜晚,甚至一点风都没有。如果有的话,船员会发现波浪拍打在冰山上的点点磷光。泰坦尼克号以 22.3 节的速度在这片漆黑冰冷的洋面上兼程航行。接到附近很多船只发来的冰情通报,史密斯船长命令瞭望员仔细观察。这一年的冰山比往年向南漂得更远。但是,泰坦尼克号的船员忘记带上望远镜，瞭望员不得不用肉眼观测。11点40分，瞭望员弗雷德里克·弗利特（后来生还）发现远处有"两张桌子大小"的一块黑影，以很快的速度变大。他敲了3下驾驶台的警钟，抓起电话："正前方有冰山！"接电话的六副穆迪通知了旁边的大副默多克。默多克下令减速，左满舵，停船倒车。事后证明这是一个最愚蠢的决定。当时最好的选择是减速的同时用坚固的船头去撞冰山。1912年4月那个寒冷的夜晚，泰坦尼克号和冰山发生死亡之吻。

冰山撞击了船体，导致船底的铆钉承受不了撞击而毁坏，当初制造时也有考虑铆钉的材质使用较脆弱，而在铆钉制造过程中加入了矿渣，但矿渣分布过密，因而使铆钉变得脆弱无法承受撞击（铆钉受到撞击时承受的压力约为10044磅），铆钉断裂后，海水涌进水密舱，但当时泰坦尼克号水密舱承受极限为4个，而进水部分为5个，超过承受极限。

这次碰撞的结果，后来为人们所熟知。但当时船上的乘客和船员们却反应不一。头等舱和二等舱一些睡得不熟的乘客被一阵轻微的金属刮擦声惊醒了。船身轻微震动了一下。有人以为遇上了大浪，有人以为是触礁了，还有人以为是螺旋桨发生了故障。但是下面船舱的乘客感觉到的震动剧烈得多。有的乘客看到了舷窗外擦身而过的乳白色冰山。有些擦掉的冰块掉到了船舱里。底层统舱的移民乘客更是心惊肉跳地发现，冰冷刺骨的海水正从不知道的什么地方漫过门缝。船很快停了下来。一些乘客披上外套来到甲板上。北大西洋上空繁星闪烁，气温则低达零下一度。漆黑的天穹下，泰坦尼克号的窗户里发出温暖的淡黄色灯光。四根高大的黄黑两色烟囱中冒着白色的蒸汽烟雾。突然，有三根发出了震耳欲聋的轰鸣声和嘶叫声。懂得蒸汽机的乘客知道，这是船上的锅炉安全阀门在释放掉多余的过热高压蒸汽。得到通知的史密斯船长和哈兰·沃尔夫公司的首席造船工程师托马斯·安德鲁一道检查受损情况。前面的五个隔舱都涌进了海水。海水似乎正在有条不紊地漫过甲板。在邮件舱昏暗的灯光照耀下，成包的邮件漂浮在海水上。检查过所有水密舱之后，安德鲁平静地对史密斯船长说："这艘船没救了。"史密斯船长问还能剩下多少时间，得到的答复是一个小时，最多两小时。之后发生的事情，大家已经都很清楚了。15日凌晨0点5分，史密斯船长下令准备放救生艇。0点15分，泰坦尼克号发出了"CQD MGY"的呼救信号。CQD是当时通用的遇险信号，MGY是泰坦尼克号的无线电呼叫代号。不久又发出了新近被国际海事协会确定的SOS求救信号。很多大西洋上的船只都收到了求救电报。加拿大太平洋公司的圣殿山号、卡纳德公司的卡佩西亚号、俄国货船缅甸号，还有法兰克福号、弗吉尼亚号、奥林匹克号……都在加速向出事地点赶来。例外的是，就在18海里外的不定期客船加利福尼亚号的收发报员则在这时关掉电报机睡觉去了。这艘船已经被浮冰困了将近一天，船上一晚上都没什么大事，好像也不会发生什么大事。

0点45分，第一艘救生艇被放下。船上发射了第一枚遇险火箭。一片闪亮的白色火星缓缓落下。0点55分，泰坦尼克号的船头已经没入水中。救生艇边的工作则是乱七八糟，尽管妇女和儿童（头等舱和二等舱的妇女儿童）先登上救生艇的美德得到了遵守，但很多救生艇在半空的状态下就被放了下去。不过这也不能怪船员，当时的航海界都认为，如果救生艇满载人员放下去的话，会造成损坏甚至倾覆。泰坦尼克号的救生艇设计得很结实，但是船员们不知道这一点。结果可以搭载1178人的救生艇，只上去了651人（还有一些人是跳海之后被救上救生艇）。在船的左舷，救生船只载妇女和儿童。在右舷，则是妇女优先逃生之后允许男性登艇。所以，在右舷获救的人数比在左舷获救的多。到1点40分，最后一艘折叠救生艇被放下海面。船上的乐队陪伴着乘客，用音乐安抚着这些注定要在几十分钟后死去的人们，一直演奏到最后一刻。面对生死抉择，有些人选择像绅士一样地死去，富翁古根海姆穿上夜礼服，"即使死去，也要死得像个绅士"。来自丹佛市的伊文斯夫人把救生艇座位让给一个孩子的母亲，而白星公司主席伊斯梅则抛下他的乘客、他的船员、他的船，在最后一刻跳进救生艇。人性的善与恶，在这里被揭露无遗。随着涌入船身前部的海水越来越多，船尾逐渐离开水面，高高地翘起。凌晨 1 点 35 分，海水浸入了锅炉室。2 点 10 分，一直坚守岗位的菲利普斯发出最后一封呼救电报。2 点 13 分，船上 29 台大型锅炉纷纷离开底座，互相冲撞着，砸破一道一道的水密墙，在船头部位砸开大洞，落入海水中。2 点 17 分，海水涌入中央电力控制室，引发短路，全船灯光熄灭。2 点 18 分，伴随一阵巨大的断裂声，泰坦尼克号船身从三、四号烟囱中间的地方断为两截。2 点 20 分，船头部分沉入海中，后半截砸回海面，在一分钟之内就紧跟着泰坦尼克号前半部分一道沉入了水中。1503 名乘客和船员随它而去。

许多乘客虽然逃离了船身，但因为未能搭上救生船，而在沉船时一起被吸进海内，或者是泡在冰冷的海水中失温而死。不少乘客的尸体未能寻回，他们很有可能被困在船舱内活活淹死。

落入水中的人们很快就失去了知觉。等待他们的是迅速的体温丧失，神经麻痹和死亡。救生艇中的人们也被冻得半死。一些人完全是凭借坚强的意志，半身泡在冰冷刺骨的海水中，紧紧扒住翻覆的 2 号救生艇。一直到 3 点 30 分，卡纳德公司的客船卡帕西亚号最先赶到了出事现场。4 点钟，卡帕西亚号的船员在北大西洋黎明的微光下发现了第一艘救生艇。救援工作一直持续到早上 8 点 30 分，第 12 号救生艇被系上救援缆绳。泰坦尼克号上 2208 名船员和旅客中，只有 705 人生还。卡帕西亚号的船长和牧师在大餐厅主持了一次悼念仪式。8 点 50 分，掉头返回纽约。

4 月 18 日，卡帕西亚号抵达纽约港。经过自由女神像时，上万人在曼哈顿岛的巴特雷海岸观看。在 54 号码头，大约 3 万人伫立在雨水中默默地迎接泰坦尼克号上的幸存者。泰坦尼克号沉没的消息震惊了整个西方世界。当时人们的震惊程度，不亚于本世纪美国的 9·11 事件。大西洋两岸许多地方降了半旗。英国国王乔治五世和美国总统塔夫脱互致唁电。德皇威廉二世也拍发了吊唁电报。

找准教师在课堂中的角色

——《永生的眼睛》课堂实录及评析

背 景 说 明

我和我的助手相约一起上一次课，他上了第一节，我接着上第二节。

课 堂 实 录

一、词句探究

师：为了上这节课，你们课前准备了什么？

生：预习。

师：怎么个预习法？现在要请另一位同学发言了。

生：就是写出不同的读后感，反复地读，读熟了，就可以写出自己的感想。

师：预习，就是要反复地读，读熟了。有没有把感想写出来？

生：有。

师：都写了吧？

生：写了。

师：还有呢？

生：可以提出问题，谈自己对某段的理解。

师：还有吗？

生：比如，你赞同这句，为什么？反对哪句，为什么？

师：哦，就是可以针对整个文章发表自己的感想。

生：还有就是可以给人物作评价。

师：其实这些都是我们课前要做的。我在外面听你们上第一课时的时候，也在想，不知道大家预习的情况怎么样？比如说，"振聋发聩"这个词语，你们理解了没有？

生：理解了。

师：谁来说一下。

生：我来说。"振聋发聩"就是用语言文字来唤醒糊涂的人。

师：对，就是有些人对某些问题的认识还很模糊，像一个聋子，像一个思想处于昏睡状态的人，听了一席话以后，眼睛明亮了，耳朵也听得很清晰了。这个词就说明一席话对你的影响是多么深。上一节课，你们觉得所有的问题都解决了吗？

生：没有。

师：没有。哇，声音这么响亮。你说，什么问题没有解决？

生：课文第12自然段："在这一刻，我领悟到，父亲所献出的远非一副角膜，他所遗留的仍辉映在我女儿的眼睛里，这是怎样的一种骄傲？"为什么要用"怎样的一种骄傲"？直接说骄傲不就行吗？

师：你看，我要是这样读的话，"这是一种骄傲"或"这是一种怎样的骄傲"，感觉会一样吗？

生：不一样。

师：这里面至少感情色彩是不一样的。句式表达上一样吗？"这是一种骄傲"，"这是一种怎样的骄傲"，句式表达上也不一样。你说。

生：是让我们的思想也进入课文，因为他加了"怎样"嘛，就是让我们去想，她是怎样的骄傲。

师：这里面也留给我们一个想象的空间：到底是怎样的骄傲？我们可以再理解一下文章，可以把文章中特别重要的，就像上一节黄老师反复强调的某些段落、某些情感、某些问题，重新理解一下，可能我们就能明白这是怎样的一种"骄傲"。还有什么问题？

生：文章题目能不能改成"爱心捐赠"？

师：哦，而不是"永生的眼睛"，是"爱心捐赠"。可以这样改吗？

生：可以。

师：你说一下，"爱心捐赠"跟"永生的眼睛"一样吗？这里的"永生"是什么意思？

生：永远存在。

师：人的眼睛可能永远存在吗？

生：不可能！

师：人的眼睛能一代一代传下去吗？

生：不可以。

师：其实人的眼睛都只有两个。

生：有期限。

师：对，就像人的生命一样，都有期限，都有一定的生命长度。比如说，到我们老的时候，眼睛会得白内障。眼睛老了的时候，有一个词语叫"老眼昏花"。老了以后，有的还会失明，生命都有一个衰老的过程，眼睛也是有生命的，但是这里为什么会说"永生的眼睛"呢？

生：它不仅仅指眼睛，还指教育、启智。

师：这里还讲了，它其实是一种精神，一个人对其他人的一种奉献、责任，一个人对另外一个人的关爱，这样的一种精神，可以永远地流传下去。这里的"永生"可能就有更多的意味，它作为一种精神可以一代一代地传承。按这样来理解的话，和"爱心捐赠"相比，你觉得哪个题目好呀？

生：永生的眼睛。

师：好，我相信你们的判断是对的。还有问题吗？暂时没有？那我提问题了：刚才我们读课文的时候，作者谈到第一次知道这个捐赠角膜是几岁?

生:14 岁。

师:她女儿知道捐赠角膜也是 14 岁,然后说她们之间的反应是什么?

生:天壤之别。

师:为什么是"天壤之别"?刚才上课解决这个问题了吗?

生:解决了。

师:为什么?再帮我复述一下"为什么"。为什么两代人之间对同一件事情的反应有天壤之别呢?

生:因为琳达情绪很激动,就在这时候,又要解肢她的妈妈,而温蒂的外公并没有死去,情况不一样。

师:哦,情况不一样,刚才她有个词读得有些差错,是什么?

生:肢解。

师:但是,我要问的是:琳达和温蒂同样是 14 岁,同样知道捐赠角膜,在这个之前,发生的事情一样吗?琳达在知道这个消息之前,她知道捐赠角膜这件事吗?课文里有没有交代?

生:没有。

师:看一下。"我惊呆了,那些医生居然想要肢解妈妈",说明她知道不知道有捐赠角膜这件事?

生:不知道。

师:那温蒂知道吗?

生：知道。

师：从哪里看出温蒂知道。

生："我把父亲的心愿告诉了温蒂"。

师："我把父亲的心愿告诉了温蒂。"但是，比这个更重要的事情是，这个家庭经常讨论一个什么问题？

生：生与死。

师：有多长时间一直讨论这个问题？

生：6年。

师：6年时间经常讨论人一生中最重要的问题。同时我们可以相信，琳达是不是把她母亲去世时的情况也拿出来讨论了？

生：应该吧。

师：对，因为涉及生死这么一个大事。你们平时在家里父母有没跟你谈过生死这样的事情？

生：没有。

师：有没有哪位同学家里有？

生：是我跟我父母谈的。我问他们人生最重要的什么，我们现在要珍惜什么，死后要去做什么。

师：已经开始对人生问题有了疑问。我们怕不怕死呢？

生：怕。

师：几乎所有的人都怕死。那人会不会死啊？

生：会。

师：人都会死。生、老、病、死，是人生的一个大事，人再长寿也不可能活到 200 岁，有没有听说活到 200 岁的？

生：没有。

师：更不可能看到有谁活到 200 岁。人要真的活到 200 岁，可怕吗？

生：可怕。

师：为什么可怕？

生：要是老了的话，不能走，天天躺在床上多无聊啊。

生：人如果一直不死的话，世界会挤爆。

师：还有一个问题，人如果不死，我们现在来学习有意义吗？

生：没有。

师：为什么没意义？

生：以后再学也行。

师：哦，什么时候来学都行，是吧？

生：对。

二、复述课文

师：就是说，虽然死亡是一件很悲哀的事情，但是死亡也使得我们今天的学习、生活变得更有意义了。我觉得你们有必要回去跟父母谈一谈像生死这样的问题，看父母是怎么跟你们说的。也可以把这个故事《永生的眼睛》说给父母听一听，然后跟他们谈一谈生死问题，你们觉得怎样？可以试一试吗？

生：可以。

师：但是，如果你们回家跟父母谈《永生的眼睛》，最简单的办法当然就是把课文拿给他看，但是妈妈可能在做饭，正忙着，她说："没空，没空！"那怎么办？

生：读给她听。

师：对，读给她听。

生：在妈妈煮饭时，可以跟她谈这件事情。

师：我希望你们把这个故事说给她听。

生：先把主要内容整理一下，然后缩成一句话，然后再讲。这样容易一些。

师：但我有一个想法。其实我们还可以用讲故事的方式把这个故事绘声绘色地告诉一个人。如果用一句简单的话"琳达的妈妈去世了，她的父亲就把眼睛捐献给医院了"，这样的效果会一样吗？

生：不一样。

师：好。那我们就来试一下。你们再把课文独立地、仔细地看一遍。等会儿，我需要一些挑战者站出来，把故事说给别人听，就当作说给你妈妈听，好吗？我有几个要求，能够把故事最基本的情节准确地传达出来再加上自己的情感，加上自己的动作，加上自己的想象，用自己的方式把故事表达出来，好不好？

生：好。

师：试试看。

（生自由默读课文并思考，然后和同学进行交流）

师：刚才这位同学提出了一个很好的建议，就是小组来合作，大家讨论完的结果，最后由一个同学来表达，好吗？

生：好。

（生以四人小组进行讨论，师巡视并参与交流）

师：好。展示时我有几个要求，一是请大家到这里来讲，二是无论上来的同学讲得怎样，我们都要很亲切地、很和善地、用鼓励的眼神看着他，好吗？现在，哪个小组先来？好，鼓励一下（鼓掌），最勇敢的小组先来。

生：《永生的眼睛》我是这样理解的：作者的父亲和母亲都被疾病夺去了生命，可是他们死后却捐给别人一双永生的眼睛，让盲童重见光明。这也告诉我们，我们要用爱心去温暖别人。

师：他讲到哪一点了？他讲到捐赠眼睛这件事，其他情节有没有交代？

生：没有。

师：还不够充分，但是很勇敢。来，你这一组。你把故事说给大家听听，好！掌声鼓励。

生：琳达的母亲被一场突如其来的疾病夺去了生命，父亲遵从她的遗愿把眼角膜献给了医院，这时候14岁的琳达不理解父亲的所作所为。过了十几年以后，琳达有了自己的家庭，也有了自己的女儿，这时候，她的父亲患了严重的肺气肿，也想像自己的妻子一样捐献身体上完好的器官，还有眼角膜。这时候，琳达把父亲的心愿告诉了自己的女儿温蒂，然后温蒂为她外公所做的一切感到骄傲。

师：好。（鼓掌）第二位同学比第一位同学——

生：好得多。

师：好在哪里？

生：就是把刚才同学说的那些不充分的说具体了。

师：哦，说具体了，而且故事也交代得比较清楚完整了。好，现在第三位同学登台亮相了。哪位？刚才我们都讨论过了嘛，也有比较大的决心了嘛，你来。大家自己举手不用推荐，我相信有勇敢的人。

生：1965年，母亲死去了……

师：要用复述的方式，不要用看书的方式，用自己的话把故事讲出来。我相信你行！

生：1965年，母亲死去了，医院取用母亲的主动脉瓣膜和角膜留给病人，征求父亲的意见，父亲点了点头。

师：还不够熟悉，再请一位同学接着复述好吗？哪位？

生：也就是说，1965年，琳达的母亲死了，医院要取她的主动脉瓣膜和角膜给别人，征询父亲的意愿，父亲答应了，琳达却无法忍受这一切，对着父亲哭喊。父亲平静地对她说："给别人最珍贵的礼物就是你自身的一部分。"过了十几年，琳达有了自己的家，也有了自己的女儿了，这时候，父亲得了严重的肺气肿，然后父亲也想像他妻子一样捐献自己完好的器官。父亲死后，琳达把父亲的器官捐献给了别人。她的女儿温蒂对她说："妈妈，我真为你做的一切感到骄傲。"

（生边想边说，有些断断续续，师耐心地点头给予鼓励）

三、延伸体验

师：好。（鼓掌）刚才请了四位同学上来，你们上来以后有没有感到紧张啊？

生：肯定有。

师：会感到紧张，其实紧张也是很自然的事情，在座的同学在他们上来说得不流畅的时候，是不是也替他们感到很着急啊？

生：是。

师：这就是人与人之间的一种情感。其实复述故事还真的是一件比难的事情。这里面有时间，有具体的事件，有具体的人物，有人物之间的对话，有故事发展的过程，最后又有故事的结果，这是挺困难的。但是，我们以后读书要养成一种习惯，要抓住这些特别的叙事性的故事，那么你再来理解这篇文章，可能就更容易一些，同时能够整体地、完整地理解一篇课文的主要情节。有时候我们可以复述给别人听。刚才我们还说到一个问题，就是当我们有些同学上来，我也注意到你们这组的一个细节。这位同学上来了，大家也紧张；他着急，你们也着急，是吧？你们也想提醒他吧？是因为怕他有些情节漏了，忘了什么。这其实体现出我们不仅为自己感到骄傲，有时候也会为（生：为别人感到骄傲），有时候不仅为自己感到着急（生：也会为别人感到着急）。其实人都有一种情感，我对另外一个人也是要承担责任的，是吧？那平时在生活中我们有没有为别人承担过责任？别人为我们承担过责任吗？有吗？谁来说说看，你来。

生：我妈妈为我的学习而感到着急。

师：为学习感到着急。妈妈是对你每日的生活、一言一行、各种问题最揪心的人，是吧？妈妈为你承担责任。

生：我觉得也是妈妈对我们最关爱。我爸爸、妈妈都是在外面打工赚钱，要为我们上学买文具什么的，什么事都先想到我们。

师：有时候可能只有一份食物，妈妈首先想到的是孩子，是吧？妈妈很了不起。刚才两个同学说的都是妈妈，那有没有家庭之外的人也为我们着急？

生：老师为我们的学习着急。

师：对，包括刚才要上课了，你们老师还急急忙忙地进来，虽然今天是张老师来上课，但是她也为你们的课堂状态感到着急，你们表现好的地方，她也很兴奋。这是老师，最亲的两个人，妈妈，老师。还有呢？

生：不仅有妈妈、老师，还有朋友。

师：朋友为你做什么事？你说。

生：有的时候做错了，有节课你生病了没有来，然后老师又没有空教你，有的同学就会帮助你。

师：哦，有些同学也会为你着急，他觉得自己对你的学习也有责任，是吧？

生：我觉得警察也有为我们担心过。像出现一些劫持人质的情况，警察都会把歹徒抓住，救出人质。

师：警察既有职业责任感，又表现出很高尚的品德，把他人的生死也看作自己的一个重要职责。

生：我也觉得老师会为我们着急。在学习阶段，有的同学肯定会在学习上赶不上，老师就会在放学以后让那位同学留下来。有时候，老师会教我们一些课文，作业不会做的，也会帮我们辅导。

师：刚才讲的老师啊、妈妈啊、警察啊，都有一种责任，我相信还有。刚才说的这些都是我们熟悉的人，有没有陌生人？跟你完全不熟悉的人，他也不一定要承担责任，却为你承担责任了。有没有这样的人？

生：我想国家可能也对我们有责任。比如说，有个人到境外去旅游，然后被劫持了，国家会派人去解救你，不会看你不是什么官，就让你死了算了。就是说，无论出多少钱，都会来救你。

师：国家有时候也会表现出一种责任、道义，也有对自己的所有公民的一种保护意识。我们再说一些小的事情。

生：我们买东西的时候，厂家也要为我们负责任。比如说，你买了一个过期的产品，厂家一定要帮你调换。

师：这个厂家还是讲诚信、讲责任的。

生：比如街上有老奶奶，东西拿不动，掉到地上了，就会有好心人帮她捡东西。

师：其实我们生活中还是能看到这种温馨的情景。我现在还想问你们，你们有没有对毫不相识的人承担过责任？想一想。

生：有一次我在院子里玩，外面有一个捡垃圾的人，有一个箱子他够不着，我就帮他从栏杆的缝隙中塞出去。

师：这是对收废品人的一种责任。

生：上次，我在路上走，前面有一个人突然掉了五毛钱在地上，他也没发现，我本来可以占为己有，后来想想看，还是还给了他。我说："叔叔，你掉了五毛钱。"

生：我在街上走，有一个不熟悉路的人问我，我告诉了他，他笑眯眯地跟我说谢谢。

师：我也说一个啊，是我感触最深的。我是你们熟悉的张格嫣予的爸爸，张格嫣予也不是一下子就长到 14 岁，也是跟你们一样，很小很小的时候，经常要坐车，坐公交车。但是，我发现福州有一点非常好，你一上公交车，你抱着孩子，马上就有人给你让座，老爷爷、老奶奶一上车马上就有人给他们让座。后来，我也就养成这个习惯了，只要看到老爷爷、老奶奶、抱着孩子的马上就给他们让座，其实这就表现出人与人之间彼此都有一种关爱、一种责任。这种责任不是说我只为自己承担，我同时也要为他人承担。其实琳达、温蒂、琳达的父亲和母亲是不是都表现出人类这样的一种情感呢？

生：对。

师：人类其实是一个"整体"。有一个伟大的作家说，当大陆的一角被海水冲毁的时候，你不要以为跟你没关系，因为大陆这一角就再也回不来了。当一个岛屿被海水淹没的时候，你也不要以为这跟你没关系，因为这岛屿永远地消失了。当一个人死亡的时候，你也不要去问，这丧钟是为谁敲的？它很可能是为每一个人敲的，它讲的就是人与人之间的一种情感。那么从琳达、温蒂，包括琳达的父母身上所体现出来的，其实也就是这样的一种精神。我们不仅要承担对自己的责任，承担对自己最亲、最爱的人的责任，还要承担对他人的责任，因为他人也在为我们承担着责任。我想，今天这节课，对我来说，我最想告诉大家的，也就是这样的一种"人类的理念"。这时候，我相信，同学们对"永生的眼睛"的含义就会有更深的理解。好，今天的课就上到这。谢谢大家。

教 后 评 析

我们今天应该怎样上课

——和福建师范大学文学院余岱宗博士的对话

一、教师不要太厉害了

张：岱宗，你刚才看了我上的这节课，看完有什么特别想说的？

余：我觉得整个课堂效果应该说是相当不错的，由原先学生处于比较沉寂的状态到整个场面调动起来了。我觉得特别可爱的地方是，你能够跟学生非常亲切地进行对话。在这个过程当中，比如说，我在课堂上最担忧的一件事情就是，面对小学四年级的小孩子，你要怎样向他们传达课文里的一些理念，最后让他们非常顺畅地交流，而不是向他们灌输？这是我个人认为比较难以传达的内容，但是这种对话关系特别令人感动。整个的效果，事实上都是通过对话进行的。从表面上看，对话效果是很轻易地达到了，我觉得这完全是因为教师本身的一种理念，对教育的一种理念，对学生的态度，才有可能达到这种效果。我总结一下这堂课，就是亲切地交流、无声地传达。总的来说，我对这堂课的评价是比较高的。

张：因为我想到我们教师在课堂中的角色，其实教师的角色是多重的。比如说，我在看这些孩子，他们比我自己的孩子还小。说实在的，在课堂上我有一种父亲的心态，而且自认为我是一个比较慈祥的父亲。我看到孩子的生命状况，从心里很喜欢他们这样的精神面貌——上课时这种投入的精神。而且我也希望父亲角色能转化成一种朋友关系，所以我一上课就跟孩子作一些交流，这种交流在我看来也很自然。教师在上课之前，哪怕对自己的学生非常熟悉，仍然有必要，就像暖场一样，拉近情感距离。即使是你熟悉的学生，他也可能今天的状态不同于往日，正好处于低谷，需要老师用一种很亲切的方式，让他的精神状态得到最好的调整。我觉得这是我们课堂上必要的环节。

余：你刚才讲到一点，要提出来探讨——教师其实是一个角色。事实上我们每一个人在生活中都在扮演角色，那么教师这个角色又非常特殊，因为你要影响那么多人。现在一个班级有 60 多人，你扮演什么样的角色，学生就受到你这种角色的暗示。你讲到课堂上要暖场，你要先跟学生交流，主要的作用在于你要让学生认识到你会以什么样的面目出现，你愿意让他们把你当成什么人。

张：其实也有一点，就是让孩子们在课堂上不被动地适应你，而是你把你自己的角色呈现在他面前，让他主动地适应你，主动地参与到你所设想的一堂课中，也就是参与到目标实现的过程当中去，这是一方面。另一方面，还有更重要的，通过跟孩子交流，教师才能明白这节课真正的方向在哪里。或者说这节课是第二课时，到了第二课时的时候，我们要了解孩子期待解决或者说他的疑惑在哪里，以及他平时的交流状况、课堂中的参与状态，才能把握住在我看来是对话的那些交接点。其实有时候进入课堂，你哪怕备课备得很认真，你也都是很盲目的。因为很可能你准备的东西不是真正要解决的问题，或者说不是学生感兴趣的问题，或者说脱离了学生的理解水平。我想，所谓的交流，就是为了建立一种对话的可能性。

余：我明白你的话，你是说它是一个互动。平时我们经常讲互动，但是这个互动，其实道理可以讲得更明白一些。为什么这么说呢？互动就包含着一些对课堂的预期。有的教师认为这个课堂是可以设计好的，是可以一个环节扣着一个环节的，甚至哪个环节可以让学生激动起来，哪个地方暂时让学生平静下来，最后又充分地把学生调动起来。但在我看来，这种设计是比较可疑的。

张：从表面现象看，至少是教师太厉害了。

余：对。这个太厉害的教师，有时候在我看来反而是不够厉害。因为这样设计本身就缺乏一种对话的平等性。真正的平等对话就体现在，有时候教师甚至会被学生逼入死角，甚至会面对学生突然间冒出来的问题迟钝几秒钟、几分钟，其实这都是正常的。

张：甚至向学生坦诚地承认"你这个问题把我问

倒了"。

余：对。我个人认为一个好的课堂里会出现什么呢？就是出现教师要退后好几步这样的一种状态。

张：我打断一下。你说的这个平等，它是对话最重要的一个前提，这里的平等不仅是身份的平等，更重要的是在所谓的真理面前，每一个人都是平等的，就是说每个人都有探寻真理或者说获知这个真理的权利。真理并不是从老师那里带来的、批发出来的，而是从你锦囊里面掏出来的。你刚才说的厉害的教师，往往是准备了充足的锦囊，只等着从锦囊里把真理掏出来。

余：他就是显得很有计谋。到了哪里该唱空城计，到了哪里可以吓走一大批人，等等，他都知道。这种谋略我认为在吸引学生的注意力方面有作用，但是对激发学生的潜能，以及对让学生感到自己是课堂上的主人翁方面，作用就显得有些小。所以，你这节课，我充分注意到了一点，就是你不仅仅讲文章本身在传达什么理念，而是在调动学生的积极性，让他们把自己的话说出来，把自己对文章的理解表达出来。大概有三分之一的时间你在这样做，借着这篇文章，希望他们能够通过自己组织语言表达自己的思想。显然，这不是靠训练就能够做到的，而是需要教育机智，要求你马上组织自己的观点，而且把它语言化。

余：在这个过程中，第一要对学生有信心，第二不能轻易地否定学生，哪怕学生讲得不太好，也不能轻易地否定，因为这样往往会否定一大批人。这整个过程当中，慢慢地学生就会受到一种暗示。（张：或者受到这种精神感染）受到这种感染，他就会觉得这个老师是希望自己能够站出来说话，希望自己来表达自己的观点。实际上，社会或者学校培养人，要求无非就是能够自己独立思考一些问题，能够很流畅地表达，而且在表达的时候，像你刚才说的，还能感染别人，能激发别人。这种对话的意识甚至超过了对课堂知识吸收本身，这是这节课非常重要的特点。

二、课堂要带给学生尊重和快乐

张：我还有一个很强烈的想法。其实每一次去上课，包括给小学的这些小朋友上课，或者是给教师开讲座，我都有一个非常强烈的意愿，就是一定要让他们感到快乐，我绝不想板着面孔讲那些所谓冰冷而又正确的真理。40分钟的课堂，应该让孩子充分地感受到快乐。所以我宁愿牺牲一些似乎更为重要的教学任务，其实在我看来，有很多道理，孩子都能理解，并不是他不能理解，只是我们有时候不知道孩子期待的是什么。我们常常一厢情愿地、生硬地以自己的方式在那边传达所谓的正确的知识。

我经常想的就是，其实人生的快乐是累积起来的，一节又一节的快乐，一天又一天的快乐，一年又一年的快乐，累积成了我们对快乐的期待、对快乐的需求、对快乐的追求。所以，作为一个教师，当我们思考要培养一个什么样的人的时候，很重要的一个要素就是要让孩子在自己的课堂里感到快乐。这种快乐是多方面的，比如说，自由表达的快乐，他跟你交流的快乐，甚至他看到你这个老师幽默、慈祥、充满爱心、目光温和、带着情感就感到快乐。甚至他答错了，得到老师很善意的鼓励，得到老师友好的提醒，他也感到很快乐。错误并不可怕，在这堂课中他感觉到自己的一些错误，但是他得到纠正了，他获得了成长，获得了更多的感悟，他也感到快乐。他还从其他同学的目光里、言语里感受到了鼓励、肯定和友爱，他也感到快乐。在我看来，一节课，当我们说要培养什么样的人的时候，我们不能只是笼统地去说说，而要把它细化，要把它变成课堂中可以感受到、捕捉到的某一个价值。

余：这实际上就是交流，因为现在的学生不仅仅要吸收知识，还要善于跟别人交流，这是现代人的一个标志。学校最大的好处是什么呢？集体学习。所以你要发挥集体学习的优势。我们经常在一个非常传统的课堂上把集体学习的优势抹杀掉了。你会发现，虽然一个班级有好几十个学生，实际上只有教师跟某一个学生的交流，就是点对点的交流。把这种交流变成集体交流，这是非常重大的转变。

张：其实我在课堂中这一点感觉很强烈，就是我们交流的前提是什么。刚才你强调相互尊重，相互尊重还意味着对差异的理解与尊重。比如说，交流有一个很重要的前提，就是你要肯定差异，肯定有不同的理解，肯定每一个人都有表达的权利。这个权利还意味着有时候他所表达的可能是错误的，可能是支离破碎的，可能是非常不流畅的，但是他不但要得到老师的鼓励与肯定，还需要得到同学的包容、理解。今天在这个课堂里，我特别强调的是，当有些同学表达不是很清楚、不清晰、不流畅的时候，教师应该是给予鼓励，而不能嘲笑。我想，我们要给孩子必要的提醒、必要的强调，甚至有时候要给予必要的纠正。这种提醒、强调、纠正，本身就是对孩子的一种尊重，也是对孩子成长的一种期待。

余：我也从另外一个角度考虑，甚至我们也不能完全抑制其他学生的哄笑，小孩的这种善意的哄笑都是难免的。我们能不能强化这样一种观念？哪怕出现 10 次哄笑，你也坚持把你的意见表达出来。哪怕走上社会以后，别人一直否定你的观点，你也有能力与信心把你内心的东西表达出来，而不会轻易被一次或两次哄笑击倒。对课堂上弱势小孩的培养，实际上也传达给强势小孩一种观念。有些不太讲话的孩子，表达不是那么流畅的孩子，都有勇气和信心通过这个集体的活动逐渐地把自己的话语表达出来。那么，就可以激发其他讲话讲得流畅的小孩，他就更有信心了。这就是一个良性的互动。

张：这里有一个很核心的东西，当我进入课堂时，我就在想，特别是小学课堂，有时候教师不能只顾着自己说，他的眼神、形体动作还在影响着学生，也在跟学生处于一种互动的状态。

余：这里有几种眼光。有一种是上帝式的眼光，每个角落好像都照顾到了，每个人内心的想法似乎都早已猜到了，但实际上这是对学生不够尊重。还有一种就是忽视的眼光，对学生完全没有把握，难以猜到这个年龄段的学生在想什么，所以采取回避的眼光。最好的眼光是平等交流的眼光，老师能够想到学生的某一方面，而且能够选用学生的话语，在肯定学生讲话优点的时候，把他们的话组织好。

张：你说的这一点，今天在课堂里我也非常注意，我注意去引用学生的观点。

余：对，我注意到。

张：因为引用学生的观点，首先是对学生表达成果的一种尊重。同时，在引用的过程中，通过这样的强调，把个人的成果转化为班级的资源。

余：他表达不太清晰的，通过你的组织以后……

张：就是我这种梳理，是一种提醒与帮助，（余：提升）是一个提升。然后，学生（包括表达者）会感觉到他刚才的表达有个不清晰的地方。

余：还不仅仅是不清晰。有些对自我观点的价值还不肯定的地方，被你提示出来了。

张：这样的课堂，我觉得一个有智慧的教师，他确实要对学生的成果敏感，然后才是价值判断。在这么多人的发言中，肯定什么、提取什么，对教师来说，其中包含着一个很重要的价值判断。这个价值判断影响着教师的选择，影响着教师的教学方向，这是很重要的前提性的东西。我觉得教师在课堂上还要有一种高度的警觉性，课堂中有很多很微妙的东西，你能够把握得到，或者你可以提早作一些判断，你可以在学生表现出来的时候迅速地作出回应，这都体现出一个教师的教育机智。这一点我也觉得蛮重要的。

余：教育机智还包含着多元的理解，经常是这样子，当学生提出了一个问题，或有学生提出了一种想法的时候，我们老师很容易用自己现成的答案来套它。

张：只为我所需的那些观点。

三、课堂不妨慢半拍

余：我觉得课堂有时候不妨慢半拍，慢下来，让学生把话说清楚，让学生把观点更充分地展开。这时候应该避免很轻易地、迅速地下现成的结论，这样就有利于课堂上的枝叶生长、茂盛起来，整个课堂就会变得有血有肉，实际上就是让话语有血有肉。

张：你刚才讲到这一点——慢半拍，我听课时，总体感觉，我们课上得太快，环节设计得太多，课堂的节奏太紧凑，教师在课堂上非常缺乏一种耐心倾听的习惯，很少去理解学生看似表达不清晰、不流畅、不连贯的话语。在这种情况下，学生也普遍对同学缺乏耐心。

余：不尽如他意的时候，有的老师就迅速转移目标，切换到另一个目标上去。这就让我想到一个问题，在课堂上是否要提问更多的人，让更多的人多发言？我觉得，有时候跟一个学生更深入地对话，如果有可能的话，要比与每一个学生进行浅表的对话更好。

张：这个问题，看上去是一个策略问题，其实还是教育观念的问题——在课堂上要实现什么样的教学目标或教学理想。从这个角度来考虑的话，有时候研究策略也非常有必要。孩子在课堂上的思维品质是不一样的，一些孩子思维特别迅速，他很快就会提出见解，但是他思维的深度、连贯性、逻辑性可能有所欠缺。教师应该在此基础上作补充，进行深入探讨。我们要充分地研究学生的差异性，根据课堂实际选择策略，并不是你在课前预想用这种方法就用这个方法，而是要看课堂，按照我的表述，就是"生命在场"的那种状态，从这些方面来研究它。

余：可以是众声喧哗，也可以是非常紧张的、有逻辑性的对话，这种课堂都有它可取的一面。总的来说，你在备课的时候要充分注意到弹性，就是课堂上有可能出现的弹性。课肯定是要备的，要组织一些话题，要组织你认为的重点，要考虑这种重点被推翻以后或在课堂上不成为重点的时候，你怎样去吸纳学生的观点，怎样再组织起新的观点，迅速地进行话题转换。那么在这个过程当中，就让我们看到课堂上迅速的、即兴的，有时候甚至是突然的对话场面，我觉得这样的对话最生动。

就像打球一样，最让人紧张的恰恰是两者出现意外对峙，或者说弱者突然变强了，或者强者突然间由于某种失误而给了弱者可乘之机。这样一个不可预设的、无法预演的场面，恰恰能够考验老师的智慧，考验老师真实的水平。如果每个环节都预设好了，一般而言，这种课堂是比较沉闷的。哪怕学生是应付式的回答，我们也可以发现学生的精神状态，会发现学生在照顾老师，在积极地配合老师，照顾老师的这种需要。太程式化的、太像样板的公开课，我想将来随着素质教育的深化会逐渐被淘汰。

张：你刚才讲到这一点，我还可以进行这样的归纳：要让每一个学生有一种内在的紧张感。这种内在的紧张感，不是受制于权威、教学任务以及现场的氛围，而是他的一种自我需要，即对表现自己、凸显自己、发现自己的一种需要。所以，课堂上一方面是内在紧张，另一方面则是很和谐的、很温馨的，有时候内外结合则有一种意想不到的风趣、一种意想不到的喜剧效果。

四、成功的课堂就是让学生逐渐成长

余：不是说一个学期每堂课都能让学生蜕变，但是一个学期能不能有5次课，让他产生自我超越感，然后让他觉得自己通过这些课的洗礼以后发现了一个新我，发现了平时可能觉得很不重要的事情，通过老师和同学的点拨与对话以后，变成了一个崭新的世界？

张：其实，好的课堂不仅要让那些优秀学生展示自己独特的才华，更应该让每个孩子都能发现自己、肯定自己，都能获得情感的满足，这是很重要的。我们说对课堂的期待，实际上意味着对自己成功的期待。

余：你讲得很对。我们现在太功利化了，总用金钱、地位来衡量成功。其实对于小孩来说，应从每一节课开始累积成功的感受，这一点是非常重要的。

张：成功也可以通过培养乐观、自信、好的心态、好的习惯等来实现。以前我们有个错觉，老是以为要经过多年的苦难才能够培植出好的品格，其实在日常化的生活中，就能让孩子积累这些成功的因子。

余：哪怕是学龄前儿童，都会表现出这些因子。比如，他学会了某种表达方式，就会不断地练习，用新的话语来表达感受，就会获得一种成功的感受。

张：成功本身是具有实践性、体验性的，不是一个观念性的东西。

余：我觉得老师应该创造让人体验成功的机会，因为现代人绝对不是那种只吸收知识的海绵状的人，而应该是非常活跃的、能够跟世界上各种人进行交流的、充满主动性的人，同时他的表情又是非常生动的，他的肢体语言也是非常生动的。

张：这些恰恰是一个文明人的表现。一个心地善良、有表现欲望、有开阔眼界的人，他的形体动作往往是比较丰富的。

余：我甚至有一个想法，就是我们这节课专门来模仿一下我们同学的动作。通过这样的一个模仿，来表达我们对同学的一种爱、一种关心、一种肯定，哪怕这种肯定带有调侃的成分。所以我觉得语文课堂应该是多样性的，绝对不是我们现在的一些课堂，越上越枯燥，越上越平面，越上越单向化。要培养学生，首先要从提升老师开始，把这样的一个愿望、一种观念渗透到课堂中去。

张：我们老师有的时候愿望是不错的，但是愿望怎么在课堂上实现，这个可能比愿望本身还要重要。比如说，在课堂上我总是很自然的，或者说我从来都是这样，看到孩子的眼神我自己能感觉到，我刚才也看了录像，都是很真诚、很温情的，包括在提醒孩子的时候，都是很友好的。但有时候还需要顾及孩子的年龄特征以及情感需要和他的理解力。你要用孩子能理解的方式跟他交流、分享。同时，一节语文课，它总有看上去比较少但是非常有价值的东西，在课堂上我们要去开发、去生成。比如在这节课当中，我让孩子们来复述，你可能也注意到孩子们的复述状况不是太好。我认为在这节课里重要的是让孩子们有勇气上台来复述，至于复述得怎么样，并不是很重要，这可能需要学生长期的努力。

余：但至少从这节课可以看出来，小孩觉得复述本身很必要，另外，他也会通过这样一个氛围感受到自己对陌生人的一种责任。你采用的这种形式本身能够传达出一种人与人之间的关系。不过，我也觉得在这种对话中，可能师生对话多了一些，以后争取要让学生与学生之间多一些交流，当然这也更难。

张：你说的这点，我觉得非常重要。在课堂上我感觉到或者说观察到，平时孩子之间的对话是非常少的，所以我要做这个工作就有难度。我把这个难度化解了一下，让小组交流，像你刚才说的，让学生之间有更丰富的、更多样的、更个性化的交流。有时候我们教学的任务过于明确，以至于我们忽视了在这个过程里学生之间互动的重要性。

余：到底要让学生学习什么？学生到底学了多少东西？你掌握了一些词汇，掌握了一些观念，到底分量有多少？这很让我怀疑，是不是这是写在纸上的任务，而真正的任务没有开发出来？他们是否对语文感兴趣，是否愿意说，是否愿意写，是否愿意表达，这才是我们关注的最主要的任务。

张：在这些主要任务里面，可能有时候我们无法在考试上体现出来。所以，考试导向使得我们老师课堂追求的目标越来越小，这一点是需要我们反思的。正是因为这样，老师的素质、能力也在不知不觉中衰退了。

余：对。所以老师也要不断地进修，心态也要不断地调整。

张：今天我们谈的是《永生的眼睛》这节课，我想我们的课堂应该有一个不断燃烧的火焰，这个不断燃烧的火焰能够促进学生发展，同时也促进教师发展。因为只有教师发展了，他才能深刻、持久地影响学生的发展。谢谢岱宗。

余：非常荣幸有这个机会。

课 文 附 录

永生的眼睛

我终生难忘1965年那个炎热的夏日，年仅36岁的母亲被一场突如其来的疾病夺去了生命。下午晚些时候，一位警官来访，为了医院要取母亲的主动脉瓣膜和角膜而征求父亲的意见。我惊呆了。我无法抑制住自己的痛苦，含着泪水冲进了自己的房间。

我14岁，根本不能理解为什么别人要索取我挚爱的人身上的东西，然而父亲却回答警官："可以。"

"你怎么能让他们这样对待妈妈!"我冲着父亲哭喊，"妈妈完整地来到世上，也应该完整地离去。""琳达，"父亲平静地搂着我，"你所能给予他人的最珍贵的礼物就是你自身的一部分。很久以前，你妈妈和我就认为，如果我们死后能有助于他人健康的恢复，那么我们的死就是有意义的。"他告诉我，他们早已决定死后捐赠器官。父亲这一番振聋发聩的话语给我上了一生中最重要的一课。

多少年弹指而过，我结了婚并有了自己的家。1980年，父亲身患严重的肺气肿，搬来与我们同住，其后的

6 年，生与死这个既现实又深奥的问题成为我们经常讨论的话题。

他愉快地告诉我，在他逝世后，希望能够捐赠所有尚完好的器官，尤其是眼睛。"如果一个盲童能够借助我们的帮助重见光明，并像你女儿温迪一样画出栩栩如生的马儿，那有多美妙！"

温迪自幼酷爱画马，她的作品屡屡获奖。父亲说："想想看，另一对父母，如果他们的女儿也能像温迪一样，将会多么自豪。况且当你们得知我的眼睛角膜起了作用的时候，又会多么骄傲。"

我把父亲的心愿告诉了温迪。孩子热泪盈眶，走过去紧紧地拥抱外公。她 14 岁——恰是当年我首次听到捐赠器官的年龄，可是母女俩的反应却有天壤之别。

父亲于 1986 年 4 月 11 日溘然长逝，我们遵从其遗愿捐赠了他的眼睛角膜。三天之后，温迪告诉我："妈妈，我真为你、为外公所做的一切感到骄傲。"

"这令你骄傲吗？"我问。

"当然，你想过什么也看不见会有多么痛苦吗？我死后，也学外公将眼睛角膜捐给失明的人。"

在这一刻，我领悟到，父亲所献出的远非一副角膜，他所遗留的仍辉映在我女儿的眼睛里，这是怎样的一种骄傲！那天我紧搂着温迪时，没有想到的是，仅仅两周之后，我再一次为器官捐献组织签署了同意书。

我的可爱的小女儿，才华横溢的小温迪，在一次交通事故中丧生，一辆卡车无情地碾过了正在马路边策马扬鞭的她。当我签字时，她的话萦绕在耳际：你想过什么也看不见会有多么痛苦吗？

温迪去世三周后，我们收到了来自奥列根勇敢者角膜银行的一封信：

亲爱的里弗斯先生和太太：角膜移植非常成功。现在，两位昔日盲人已重见天日。他们成为您女儿——一位极其热爱生命的女孩的活的纪念，并有幸分享她的美丽。

如果那两位受捐赠者有机会到我们的家乡游玩，并且爱上了马，坐下描绘它们，我想我知道那慷慨的"施主"是谁——金发温迪手中的画笔依旧不停地挥动着，她的碧眼仍然闪烁着骄傲的光芒。

（［美］琳达·里弗斯）

小音乐家杨科的"爱与死"

——《小音乐家杨科》课堂实录及评析

背 景 说 明

2006 年，我在福州市鼓楼区第二中心小学先听了陈朝蔚老师上的一节《小音乐家杨科》。基于对课堂呈现方式的尝试，次日我借同一个班级，以同课异构的方式，接着上第二课时。

课 堂 实 录

师：同学们，我们上次曾在电教馆上过课，大家还记得吧？

生：记得。

师：你上次也去了，是吧？你也去了。有几个同学我记得。在课堂上积极发言的同学我都记得。还有哪个同学我记得？哦，对！你，你上次发言特别积极，回答问题很有自己的见解。是这样的，昨天你们的陈老师参加什么活动，大家知道吗？

生：名师评选。

师：大声点儿，参加了什么活动？

生：名师评选课堂教学考核。

师：哈哈哈，昨天下午呢，我很认真地听了陈老师上的课——《小音乐家杨科》。听完课我就对陈老师说："我也想试一试，来上一上这节课。"我的想法是这样的，把你们对课文的理解充分地表现出来，或者说换一种上课的方式，之所以想换这个方式，是因为可能平时比较多的问题都是老师提出来的。是这样吧？可能整个课堂更像是老师的。你们已经上过一次了，我就想上第二课时。现在我真不知道大家对这篇课文、对小音乐家杨科有什么理解。这个黑板平时主要是老师板书的吧？那今天呢，只要你有想法，都可以上来写；只要你对这篇文章有不同的看法，都可以提出来。我们这堂课啊，就像开茶馆那样，可以畅所欲言，大家都可以按自己的想法，谈自己对文章的理解。那么我们现在就开始上课，好不好？

生：好！

师：也不要站起来了，天气太热了，就坐着啊。小音乐家杨科，我首先想问大家的是，你读了这篇文章感受最深的是什么？哦，你反应最快！

生：感受最深的是杨科对音乐的热爱。

师：哦，感受最深的是他对音乐的热爱，这种热爱表现在哪里？能不能接着说？也不一定要看书，你可以用自己的语言来表达。

生：就是小杨科在旅店外面听着旅店里面的声音，然后他就被那个更夫打了一顿，但是呢，他第二次又去碰那把小提琴了。

师：那个更夫打他的时候，是他在旅店外面听音乐的时候吗？

生：不是！

师：好，谁来补充一下？你来！

生：更夫打他的时候是……第一次嘛！就是说，他是在劈草料的时候，风轻轻地吹过那个木杈的声音。

师：吹过什么的声音？看一下文章里面，是树杈还是木杈？

生：木杈！

师：嗯，木杈。木杈发出来的是什么样的声音？

生：是那种"呜呜"的声音。

师："呜呜"的声音！他听了这个声音陷入了一种什么样的状态呢？

生：就是听得很入神嘛，感觉这就是一首华美的乐章。

师：哦，那个声音在常人听来就是"呜呜"的声音，但是在小杨科的耳朵里面啊，刚才徐嘉诺用了一个非常好的词，是什么？

生：华美的乐章！

师：华美的乐章！所以听着听着就入神了，遭受了一顿暴打，那个监工打他的目的是什么？

生：给他一个教训。

师：那个监工认为他干活的时候偷懒，让他永远地记住不要偷懒。但是杨科有没有吸取教训？

生：没有。

师：没有吸取教训，从哪里看出他没有吸取教训？好，你说。

生：后来他看到地主的仆人有一把小提琴，在一个傍晚就想去看它，虽然他知道这样做可能会被监工打，但是有一种很奇怪的力量促使他弹了一下那个琴弦，最后他还是被毒打了。

师：我想和你一起探讨一下，他是第一次见到那个小提琴时就跑到仆人的房间里去的吗？

生：不是，他以前看到过，但是他一直想摸一下这把小提琴。

师：为什么第一次看到时没有马上去摸啊？

生：他可能……就是说，他在之前听过小提琴发出的声音，他就先做了一把小提琴，但是没有那把的声音好听。

师：他自己做的那把小提琴发出的声音是什么样的声音？

生：是那种"嗡嗡"的声音。

师：他听到那个仆人拉的声音是什么样子的？

生：非常的优美。

师：非常的优美，他非常羡慕。

生：对。

师：他就想怎样？

生：就想摸一下那把小提琴。

师：但是他又没有马上去摸。

生：对。

师：为什么？

生：因为……

师：好。先坐下。大家一起思考一下，他为什么没有马上去摸？大家都要有想法啊，不能只听别人的。你来！

生：我认为他第一次想到了要是又被更夫打的话会怎么样，所以他就没有去拿。

师：监工打他，打完以后有没有效果？

生：没有。

师：都没效果吗？

生：有效果。

师：有效果，至少让他产生了什么？

生：恐惧感！

师：所以他第一次见到的时候没有——

生：没有去动。

师：没有去动，那后来为什么又去碰呢？你说。

生：后来是因为他热爱音乐，被那种无法抗拒的力量推着向前走。

师：课文中用了一个什么样的词啊？

生：无法抗拒。

师：无法抗拒，什么叫无法抗拒？什么情况下可以说是无法抗拒？

生：生病的时候打针，不想打，被妈妈按在地板上打。

师：这是来自于母亲的那种力量，你没有力量战胜她，也叫无法抗拒。但这里的无法抗拒的力量是来自外界吗？

生：不是！

生：不是，应该是因为他喜爱音乐，喜爱小提琴。因为前面说过："杨科愿意拿自己的一切去交换，他摸一摸，哪怕摸一下他也足够了。"

师：说明在他生命中什么是最重要的？

生：音乐。

师：他甚至觉得只要摸一摸都可以用什么代替？

生：一切！

师：用生命中所有的一切来交换，他都会感到满足，这可以说他对音乐的痴迷达到了怎样的程度？

生：极点！

师：我觉得大家这个词用得很好，达到极点，所以那种恐惧感最后有没有把他给震住？

生：没有。

师：他超越了恐惧。有一个问题，在这篇课文里，为什么大家都称小杨科是小音乐家呢？刚刚我们说到的只是小音乐家杨科对音乐的痴迷，对音乐的痴迷能不能成为一个音乐家的一个非常重要的要素呢？

生：我觉得可以，因为杨科走到哪儿都能听到音乐，他对音乐的热爱能成为他当音乐家的要素。

师：小杨科有着和我们一样的"耳朵"吗？他的耳朵神奇在哪里？所有的声音在他耳朵里面——

生：小杨科走到哪里都能听到音乐。

师：所有的声音在小杨科的耳朵里都是……

生：音乐。

师：对，文章是怎么写的呢？你们来读一读。

（生朗读）

师：大家读到的文字写出了小杨科对音乐的痴迷，无论风声、树声，还是其他动物的叫声，在他的耳朵里都形成了一种极其美妙的音乐，这里首先表现了小杨科对音乐的痴迷。大家还记得刚刚第一位同学提出来的问题吗？就是感受最深的是杨科对音乐的痴迷。那么读完这篇文章后，你还有其他的感受吗？

生：课文最后一段"白桦树哗哗地响，在杨科的头上号叫"，这么美好的生活、音乐，小杨科再也听不到了，也表达了他对音乐的热爱，揭露了资本主义的黑暗，表达了作者对劳动人民深深的同情。

107

师：哇！一下子就谈到了资本主义社会的黑暗，同学们，我希望你们不要轻易用一个标签，其实大家有没有发现这篇文章写的是什么时代的事情？

（生沉默）

师：这是19世纪的事情，是东欧一个非常贫困的国家——波兰乡村的故事，知道作者叫什么名字吗？

生：显克微支。

师：显克微支是获得诺贝尔文学奖的一个著名作家，张老师在大学的时候就读过他的文章，对他很痴迷。你们觉得这篇文章的语言文字怎么样？你有什么感触？

生：他在文中用了许多动物的叫声，用了许多象声词。

师：这使文章很精彩，对吧？还有呢？

生：他没有把人物当成哑巴。

师：没有把人物当成哑巴？这话怎么讲？

生：如第3自然段中，他说："妈妈，树林里在奏乐了，噢咦！噢咦！"他没有把人物当作哑巴，而把人物说的话非常生动地写了下来。

师："噢咦！噢咦！"实际上就是像音乐一样优美的声音。嗯，这样一来文章就更生动了。显克微支这个作家所描写的是东欧波兰的乡间生活，是农奴制下的乡村社会。从文章中有没看到杨科的母亲是个什么样的人？

生：短工。

师：还有没有看到？这里有地主，有仆人，有监工，也有管家。其实这都是乡村地主庄园中的生活。所以我的意思是，我们不要轻易地看看课文就说揭露了资本主义社会的黑暗，我们不要马上就用这个标签，而是应该自己去感受一下。小杨科最后死了，这么热爱音乐的人死了，是什么原因使他死掉了？是不是我们热爱音乐最后就一定会遭受不幸呢？

生：不是。

师：那文中杨科是因为什么死的呢？大家可以讨论一下，是不是就像刚才这位同学所说的，因为资本主义的黑暗呢？热爱音乐就要付出生命的代价？这有一些难度，大家可以在四人小组里面讨论一下，杨科死去的原因到底是什么呢？

（小组讨论）

师：想出来也可以到黑板上来写一写哦。

（学生陆续在黑板上写下自己的看法，大多数同学还在讨论）

师：大家考虑一下，看一下我们同学在黑板上写的，你也可以提出不同的见解。

（学生继续讨论）

师：大家看过来哦，很多同学已经写出了杨科之死的多种原因。看来，一个故事的结果可能只有一个，但是原因却有很多。所以我刚才先提醒那位同学说，我们不要急着给一个结论，是吗？我想，只要我们都开动脑筋，对杨科之死就会想出很多解读方式。我们先来看看，大家可以赞成，也可以反对，也可以坚持自己的意见，这些原因哪些更站得住脚，哪一条你们更乐于接受？这位同学说他死的原因是"他热爱音乐，愿意拿一切去交换"。哪位同学写的？

生：卢宏奕。

师：你再接着说一下。

生：他愿意拿一切去交换，所以他明知道会被打，还是去摸那把小提琴。结果呢，管家因为不明白他去摸小提琴的真正原因，就把他当作小偷暴打了一顿，最后他死掉了。

师：他知道自己去摸小提琴有潜在的危险吗？

生：知道。

师：他怎么知道去摸小提琴会有潜在的危险？

生：之前就被打过一次。

师：之前就被监工暴打过，所以他知道去摸小提琴是有很大风险的，但他仍然愿意去摸，原因是他热爱音乐，愿意拿一切去交换。所以，他这个"热爱"本身在那样一个时代、那样的处境中就潜藏着危险。赞成这个观点的同学可以举个手。哦，不少人赞成。好，这个"年代的原因"，好像是那位最早上来的同学写的，你来说说。

生：这个年代就是 19 世纪，如果是现在，他热爱音乐，家里条件也比较好的话，他就会买小提琴。

师：从哪里看出他家里的条件比较差？

生：他妈妈是短工，就像寄在人家屋檐下的燕子。

师：好，把这几句读一下。

（生朗读课文相关句子）

师：哦，他说的是家庭背景，如果是生在今天，像我们在座的各位同学，买一把小提琴难吗？

生：不难。

师：杨科想得到小提琴，他能得到吗？

生：不能。

师：这个"年代的原因"大家赞成吗？你的粉丝也不少，也有不少人赞成你的。

师：这位同学说，杨科死去是因为"他热爱音乐，一时的冲动"。谁说的？好，你来说说看。

生：他去碰小提琴是因为一时冲动，他前几次都没敢去碰小提琴，但他日思夜盼去摸那个小提琴，最后实在忍不住了才去碰那把小提琴。如果他不去碰，就没事了，但他不由自主，所以才碰了小提琴，所以我说是一时的冲动。

师：大家赞成他的见解吗？这个见解好像让一些同学一时愣住了。对这个见解有没有不同的看法？

生：我认为不是一时的冲动，他本身就是非常热爱音乐。

师：不是一时的冲动，而是由来已久的冲动。

生：是积蓄已久的冲动。

（生大笑）

师：你接着说。

生：他不是一时的冲动，而是对音乐非常着迷和热爱，就像一种不可抗拒的力量在推着他往前，他觉得自己好像闯进笼子里的小动物。

师：他知道这个事情是很危险的，但是有一个不可抗拒的力量在推着他。这位同学认为其实杨科是考虑已久的，是不可抗拒的力量在推着他。你认为不是一时的冲动，是吧？可能是他对音乐由来已久的、强烈的、不可遏制的热爱。当然，她的表达和你的有点不一样。你赞成她的观点吗？

生：不，我不赞成。

师：还是认为是一时的冲动吧？好，继续坚持你的观点。这个是谁说的？"身体瘦弱的原因"，是哪位同学？哦！是这位同学！说说看，为什么是"身体瘦弱的原因"？

生：文章前面说："他长得很瘦弱，脸黑黑的，淡黄色的头发直披到闪闪发光的眼睛上。"后来他在堆草料时，听风吹树杈的声音听得入迷了，监工把他打了以后，他连站也站不稳。后来他又去碰小提琴，又被更夫痛打了一顿，身体上受到了很大的伤害，从而导致了他的死亡。

师：身体的瘦弱也是导致他死亡的原因。课文里面还有没有地方描写杨科的瘦弱？

生：有。

师：哪位来呀？你来。

生：第13段。"他太小了，站也站不稳。"

师：还有吗？你说。

生："'把这个孩子带走，打他一顿。'更夫点了点头，夹起杨科，像夹小猫似的，把他带到一个小木棚里。杨科一句话也没有说，他也许是吓坏了，只是瞪着眼睛，像一只被抓住的小鸟。他哪里知道人家要把他怎么样呢？"这里说那个更夫像夹一只小猫似的，小猫是比较弱小的动物，这里就可以看出杨科是比较弱小的嘛。

师：要是像张老师这么胖的人能夹一夹就夹起来吗？

（一片笑声）

师：肯定不行。"像夹小猫一样"一方面是写杨科之瘦弱、瘦小；另一方面，你们想一下，你们现在也很瘦小，你的爸爸妈妈能夹一下就把你夹起来吗？

生：不能。

师：这句话还有什么意味？你说。

生：那个更夫要打他。

师：要打他。还有什么？你说。

生：那个……这个……更夫力气很大。

师：哦，力气很大。还有吗？作者这么写还有什么意思？

113

生：从这里表现出更夫很狠毒。

师：对，狠毒。有没有把杨科当作一个小孩呀？

生：没有。

师：当什么？

生：小猫。

师：小动物，很低贱、很瘦弱的动物，这么一夹就夹起来了。所以，这里反映出杨科的瘦弱。另一方面，从这些动作里面反映出什么？更夫根本就没把杨科当作人。所以"身体瘦弱"应该说也是什么？他死亡的原因。像这么瘦弱的孩子能经得起把他一夹就夹起来的更夫的暴打吗？

生：不能。

师：大家都赞成这个观点吗？

生：赞成。

师：都赞成？这又是一个很重要的原因。"身处这样的年代，本来就是泥菩萨过江了，再背着音乐这块石头，那肯定受不了。"这个表达很有意思，怎么讲？谁写的？你来说一下。

生：身体瘦弱，连吃饭、住都是问题，可以看出他是个"泥菩萨"；可他去摸小提琴，就是"明知山有虎，偏向虎山行"，就像背着石头，石头重就会沉下去。音乐是石头嘛，就是说，呃……再关注音乐就像背着很大的包袱。

师：好，老师非常佩服你的见解，就算人想热爱什么，还需要什么？

生：条件。

师：条件。俄罗斯有个非常伟大的思想家叫舍斯托夫，他有个见解跟你大致相同。他说："莫扎特如果生在农民家庭里，很可能就会成为家庭的累赘。"能理解这句话吗？

生：能。

师：一个天才，没有必要的物质条件，没有良好的社会环境，没有好的家庭，爱好或天分很可能都会——

生：覆灭。

师：你的见解，我觉得很好，我很佩服。你们佩服这个见解吗？

生：佩服。

师：怎么样？用什么方式来表示？

（鼓掌）

师：张老师的想法就是，我们每一个人的思考都是有价值的，最重要的就是自己要去思考，要敢于把它表达出来。是不是这样？

生：是。

师：今天很多同学都已做到这一点，很好！我们接着再看。"家庭地位卑微"跟刚才说的有没有一点相似？

生：有。

师：都是因为家庭地位卑微，他的母亲，课文怎么写他的母亲？

生：做短工。

生：过了今天不知道明天会在哪里。

师：短工是明写，过了这一天，没有下一天。没有写出来的是什么？你说一下。

生：呃，最后一段说，他母亲把他抱回家去。母亲并没有什么怨言，也不敢对他们怎么样。

师：好，这个见解也很好。母亲就把杨科抱回去了，没有写母亲的任何言行、动作。从这里也可以看出母亲是属于社会什么阶层的？

生：卑微的阶层。

师：非常卑微的底层。但是她对杨科热爱音乐是什么态度？也没写。大家能体会得到吗？

生：我！我！

师：你先别着急，因为你发言好几次了，很厉害！把机会让给其他同学。哪位来说一说？好，你来。

生：我从第 3 段看到——"他到树林里去采野果，回家来篮子常常是空的，一个野果也没采到。"从这里可以看到他在采野果时都在聆听大自然的声音，于是对他妈妈说："妈妈，树林里在奏乐呢，噢咦！噢咦！……"作者这时候并没有描写妈妈怎么样，如果妈妈……呃……如果不重视他音乐这方面的天分，也许会责怪他为什么上山采野果时不专心。

师：从这里可以看出他母亲对他热爱音乐的理解、认可，甚至还比较赞成、欣赏。你看，要是一个很严厉的母亲，杨科会对她那么生动地描绘："妈妈，树林里在奏乐呢，噢咦！噢咦！……"会这样吗？

生：不会。

师：说实在的啊，当张老师读到这里的时候，心里很酸楚，那么热爱音乐的杨科，这么贫贱的家庭，母子俩相依为命。他去采野果，采回来一无所获，那孩子还非常兴奋地告诉妈妈说："树林里的树木都在奏乐呢，噢咦！噢咦！……"这种情形让人感到很辛酸。同时也看出这个杨科的家庭啊，确实很卑微。那么大家对这个见解基本上也是同意的吧？

师：这位同学写得很清楚。"杨科死去的原因有两个方面：第一，杨科本来体质就差，几乎站也站不稳；第二，又被毒打，更是雪上加霜，最后悲惨地死去。"哦，这个"惨"字写错了。她主要是从杨科被打的过程中看出，杨科身体非常弱，站也站不稳。究竟什么原因站不稳？

生：是被打了之后。

师：当天晚上有没有被打？

生：没有。

师：大家看一下课文，有没有被打要看一看课文。"有人划了一根火柴，蜡烛亮了。后来听到骂声，鞭打声，小孩的哭声，吵嚷声，狗叫声。"

生：被打过。

师：为什么要写狗叫声？

生：吵闹。很吵。狗受了惊。

师：狗对杨科熟悉吗？

生：不熟悉。

师：不要急着说。

生：熟悉，熟悉。

师：为什么狗对杨科那么熟悉，狗也发出叫声？

生：同情，我觉得这样一个热爱音乐的孩子被暴打很可惜。

师：狗也表示同情，是这个原因吗？你说。

生：狗很熟悉杨科，又看到杨科来了，很高兴。

师：哦，狗还是很高兴的？你们有没有养过狗啊？

生：有。狗嘴巴会舔你。狗会摇尾巴。

师：这里写了骂声、鞭打声、小孩的哭声、吵嚷声、狗叫声。其实当天晚上杨科就被毒打过。他站也站不稳，最重要的不是他身体弱，而是当天晚上他就被打得很惨。狗叫，你要在乡间生活你就知道，要发生很大的事情，被打得很悲惨，狗也会发出叫声。所以我说，其实他的虚弱，并不是——

生：他身体本身。

师：身体本来弱，已经被打过了，以至于站也站不稳。这里还有一句："管家觉得杨科只是触摸了一下琴弦，不用关监狱，就叫更夫打他一顿算了，但是因为杨科本来体质差，被打一顿后，禁不起，就打死了。"这是谁写的？你来说说看。

师：文章有没有写管家觉得杨科只是触摸了一下琴弦。有没有？

生：没有。管家认为杨科要偷小提琴。

师：管家认为杨科是小偷吗？

生：是。不是。

师：我们读一下原文。从"第二天"开始读。

（生读书）

师：大家有疑义，这里为什么有疑义？主要是大家看到这句"把他当作小偷惩办吗"，一般的小偷怎么惩办？

生：送到监狱。

师：而他认为杨科太小了，站也站不稳，有没必要送监狱啊？

生：没有。

师："打他一顿算了。"但是不是还是认为他是小偷。

生：是。

师：有没有疑义啊？

生：有。

师：我想我们大家还可以去琢磨一下，我把我认为简单的结论告诉你。好吧，你再去看看文章，再琢磨琢磨。刚才我们探讨了杨科之死的原因，有个同学还提出了更大的问题："丑恶的封建社会扼杀了一个音乐天才的生命。"还有其他的原因。看来这篇文章——我今天

119

上午还在想，把这篇文章的题目改为"杨科之死"可不可以？

生：不行。因为它表现不出他对音乐的热爱。

师：哦。改成"小音乐家杨科之死"行不行？这篇文章的核心如果用一两个字来概括，能概括出来吗？

生：爱、痴、死！

师：（板书：爱与死）这篇文章写的是不是杨科爱与死的故事啊？刚才我们主要探讨了他的死因。大家提出了不同的见解，张老师很欣赏，大家能够独立思考。也欣赏大家能够坚持自己的观点，有自己的想法。谢谢大家，就上到这里！

教 后 评 析

体验、思考、表达

——一次生命化教育的课堂实践

在小学语文教科书中，来自域外的篇章，主人公很多都比较悲惨，如《伏尔加河上的纤夫》《凡卡》《穷人》《小珊迪》等。《小音乐家杨科》在调子上也十分类似，这篇课文我上小学的时候也学过，那还是20世纪80年代，由于时间久远，课文内容在头脑中早已模糊不清，不过插图却很有印象，一个小孩儿跪在地上，无限渴望地仰视着挂在墙上的那把琴。画面凝重而死寂，仿佛能听见杨科因恐惧而紧张的心跳。

120

"压迫""黑暗"与"贫穷",是教参解读这类文章的关键词。它们之所以能入选语文教科书,往往基于让学生对比体会我们自己生活的幸福。在生词、生字的学习之后,老师就硬性地将这些具有意识形态的说辞灌输给我们,然后让我们做一下课后练习,一篇课文就算了事。这样的教法当然也没有人去怀疑。思想的封闭,思考的压制,使我真的相信,国外人民的生活一直处于水深火热之中,连课文写的是什么时候的事往往都没有搞清。

如今,已是 21 世纪的第二个十年,如果这些课文还这么上,即便学生不至于像我小时候那样对世界产生虚假认知,但长期下去,将是心灵的萎谢、头脑的闭锁,还有人格的奴化。那些得以逃脱的,属于幸运者,少之又少。面对这些原本用意在政治规训的课文,如何跳出教参的藩篱,将学生的心智引向开放,帮助他们在一节课中有实实在在的收获,是最考验语文教师专业水准之处。

我是带着小学语文课堂沉闷的记忆,也带着一丝寻求补偿的心理,开始仔细阅读张文质的授课记录的。

课堂初始,张文质表示想换一种上课的方式:"现在我真不知道大家对这篇课文、对小音乐家杨科有什么理解。这个黑板平时主要时间是老师板书的,那今天呢,只要你有想法,都可以上来写,只要你对这篇文章有不同的看法,都可以提出来。我们这堂课啊,就像开茶馆那样，可以畅所欲言，大家都可以按自己的想法，谈自己对文章的见解。那么我们现在就开始上课，好不好?"千万别小看这一段话，这里面实际上蕴藏着教师深刻的教学智慧。那就是，相信孩子对文字是有理解能力的。假如我们不相信，轻视孩子，认为解读课文只能是由教师来完成的任务，孩子们对课文已有的想法就会像一缕微光，一闪而过，转瞬不知去向。慢慢地，他们真的就钝化了思维，失去了思考的能力，头脑变得刻板、平滑。而假如我们以平等的态度对待孩子，他们就可能破茧化蝶，容易进入不同的境界。

这节课，是以提问来展开的。我发现张文质的提问有个特点，即不时地将学生的目光重新引回文本，引导学生进行文本细读。这一点，可以说是语文教师的看家本领。因为学生对语文课堂的参与，必须要有恰当的依托，否则课堂很可能表面热闹，实则空虚。对于语文课来说，这个依托就是文本，这是由语文的学科性质决定的。语文是由语言构成的文化世界，抛离了文本，语文课就会变得面目不清。

这节课正是通过引导文本细读，帮助学生熟悉了故事，清楚了故事发生的年代，留意细微处，知道情节的推进是怎样的，了解作者到底说了什么。有学生将杨科被更夫打的时间说成是杨科在旅店外面听里面的声音之后，老师马上予以追问，这是提醒学生对文本细节进行把握。后来，老师问"当晚有没有被打"，学生说没有，老师再次提醒学生要再看一下课文。问小杨科自己做的那把琴发出的是什么声音（假如它的音色很美妙的话，大概杨科就不会想着非摸那把真的小提琴）了，问故事发生的年代（明确了故事发生的时间，也许就不会出现"贴标签"的解读），问管家认为杨科是不是小偷（对杨科行为的认定是情节发展的关键）……这些执教环节看起来并非繁难，也不涉及太多的教学艺术，但越是简单的，就越是教学中易被忽略的。假使没有这些对文本细处的用心提醒，学生对课文连熟悉都做不到，更大的教学任务是无法完成的，所以这几乎就是教学成败的关键。

不管什么样的课文，其实都有细读的必要，佳作名篇要细读自不必说，就是质量低下的无聊之文、虚假之文，细读也有其效果，可以引发学生质疑并提出有价值的问题，培育其独立的思想。而对有些篇章来说，选文的意图、教参的解读，和作者本身的意图并不完全一致，甚至是两回事。就像《卖火柴的小女孩》. 所谓的中心思想，往往被说成对资本主义制度的控诉和揭露。但大作家的手笔，可绝不这么简单，它里面总会有对人性的深层次观照。语文教学要返璞归真，首先就意味着，要把课文的解读从服务于思想政治教育的套路化的阐释体系中解放出来，恢复阅读的私人性。

在这节课中，张文质通过一环扣一环的提问、关键处的点拨，帮助学生和文本建立起直接的联系，使学生

"观看"到故事发生的场景，体会人物内心的矛盾和感情。学生对课文的解读，不再从任何他人的立场出发，杨科不再仅仅作为显克微支笔下的一个人物，同时也以一个对音乐痴迷和命运让人哀伤的瘦弱男孩的形象走进孩子们的心里。没有文本的细读，就不会有充分的移情唤起，小组讨论也会遇到障碍。

如果把这节课比作师生共演的一台戏的话，小组讨论堪称高潮。问题本身对小组讨论的质量有决定性意义，有些问题是不值得讨论的，无价值的问题只能使讨论流于形式。在一问一答的过程中，张文质顺势抛出了一个有一定难度的问题："到底是什么原因让小杨科死掉了？"这样的问题本身就比较吸引人，实质的探讨因此成为可能。在讨论和说出论点的过程中，执教者很注意引导学生回顾文本，师生一直处在一个共同参与的热烈的气氛中，最关键的是，始终伴随着恰当的追问，学生的思维因此处于十分活跃的状态，出现了多样化的看问题的视角，最充分地展现了他们心智的活性，这是这堂课最具光彩的地方。讨论中他们发现，杨科的死至少与五个原因有关：年代，内心长久的渴望，身体瘦弱，管家的狠毒，其中还出现了小小的争执。张文质作为教师的智慧还体现在，他没有以裁判的身份出现，而是倡导互相保留观点。孩子们说的确实各有道理，是这些因素合在一起促成了杨科的死亡。最后，充分的探讨之后，对"爱与死"的主题提炼，也是水到渠成。

　　课堂始终伴随着温情的鼓励。我以前在课堂中组织学生讨论，就有过一个感受，鼓励要想做好，其实也不容易，尤其在课堂上，期待同学们的参与，弄不好，急煎煎的样子，反倒会导致冷场。要让学生感受到教师的亲和力，教师需要有营造课堂气氛的能力，也要有对全体学生状态的全局性把握，张文质在这方面堪称高手。课堂开始之初，"我真不知道"这几个字，就显示了语言的艺术，就像一支火把，一下点燃了孩子们思维的火种。这样的说法也是极具诱惑力的，因为它恰到好处地激发了孩子心中的表现欲，面对老师的"不知道"，谁不想积极思考，做那个让老师"知道"的回答者呢？开茶馆的比喻、温和亲切的口吻、对孩子的体贴（天气热不用站起来，可以坐着答），以及后面小组讨论的说明（大家可以赞成，也可以反对，也可以坚持自己的意见），都无形中拉近了师生之间的距离，使课堂的气场变得舒缓柔和，学生的心态得到放松。在各抒己见的过程中，教师及时的肯定、诚恳探讨的姿态，以及对沉默者的鼓气使每个人的思维都启动了，每个人的感受好像都更敏锐了。随着一个个问题的提出，课堂变得就像一个磁场一样，不参与是不可能的。

　　看同学们的发言，不时地有眼前一亮的感觉。比如，有的学生说作者没有把笔下的人物当哑巴，这已经有了点文学欣赏的味道了。还有"极点""覆灭"等词汇的概括，简洁又准确。还有小组讨论时，有同学说：

"身处这样的年代，本来就是泥菩萨过江了，再背着音乐这块石头，那肯定受不了。"语言并非是思想的物质外壳，它就是思想本身，只有走进文本，真切地去体会、理解，让课文真的变成"自己的"，而不是外在强加给他们的，他们才能说出这样有意思的话来。而这般的状态，与语文教师课堂中的每一个努力都是分不开的，包括一句看似微不足道的鼓励："你可以用自己的语言来表达。"

体验、思考、表达，这些正是鲜活生命的特征，这样的课堂好就好在，它是生命在场的，没有任何强制粗暴的灌输，全体学生都参与到对文本的解读中。设若可以持续下去，天长日久的积累，他们就慢慢有了丰富细腻的情感，有了开阔明敏的心智，也会懂得如何自如贴切地去交谈，这样多好。

看不出多少预设的痕迹，没有僵化的教学程式，教师并不握有知识的霸权，他不是事先有了固定的关于课文解读的答案，然后才展开与孩子们的对话，对话是朝向开放的，是思维的碰撞，是灵性的绽放，是师生双方共同追求理解和欣赏的过程。对话的教学自然而然，像一条流淌的河，借助情感和思维的投入，在双向的互动中，师生共同抵达河流开阔的远端，那沿途有更动人的风景在等着他们。这样的语文课也是动态生成的。

教师没有表演式的夸张，教学的语言简约而清晰，紧扣文本的阅读，以学生读懂为要务，引领学生进入情境，体会故事中人物的情绪和情感。遇到有一定难度的内容时，则启发学生思考讨论。整节课没有追求场面的热闹和形式的花哨，甚至连多媒体都没有运用，课堂的呈现生动又平实，是自然朴质的。

最让我向往的，是这节课的氛围，如春风一样的和煦。温情的沐浴，和智性的启迪、情感的生发一样，是课堂教学对学生至为美妙的款待，它使教学作为交往的过程、创造的过程，让师生同时体验到欢乐。而这些，正是教学对人影响最为深刻的地方，所谓"教育就是忘记了在学校所学的一切之后剩下的东西"。没有人天生就是一副焦躁、粗鲁和暴戾的精神面相，就看我们要在他们身上累积什么。卓越的语文教师，面对小学生还在萌发、生长时期的娇嫩心灵，懂得如何去呵护、去滋养。

这节课有没有不足呢？这几天我正好看昆德拉的《帷幕》，他在其中提出，小说进入它伟大的世纪，是说它进入了描写的时代，逼真性成为小说的不二法门，小说因致力于场景和听觉效果的营造而展现其魔力。我不自觉地联想到这篇课文的风格。作为一篇经典的短篇小说，《小音乐家杨科》最显著的特点，是完全素描式的叙述手法，没有抒情，也没有对事件主观的议论，但却打动人心。将人物的状貌、心理和情节的细节特征有声有色地予以讲述和描写，干净朴素，有别样的美感，堪称语文课本中叙事的上佳范例。叙述和描写是写作最基本的功夫，对于小学生来说，是这个阶段最需要学习的写作能力，对文字的品赏也是语文教学重要的目标。从这个角度看，教师对"你们觉得这篇课文的语文文字怎么样"这一问题的处理，有点仓促了。实际上学生的回答已经触及这个层面，可以根据他们的回答顺势引出这个特点，让孩子们有所注意，以便课余再读时能更好地体会文中诸多用词的确切，慢慢地形成品鉴文学的眼光。农奴制下的乡村生活都是在作者的描写中呈现的，这和后面的话题也能自然地衔接起来。话说回来，一堂课能从头至尾吸引全体学生的参与并使他们有丰厚的收获，并非易事，所谓的不足，也是在求全责备了。

（李伟言）

课 文 附 录

小音乐家杨科

从前波兰有个孩子，叫杨科。他长得很瘦弱，脸黑黑的，淡黄色的头发直披到闪闪发光的眼睛上。

杨科的母亲是个短工，过了今天，不知道明天会在哪里，好像寄居在人家屋檐下的燕子。杨科八岁就做了牧童。

杨科很爱音乐，无论走到哪里，他总能听到奏乐声。他到树林里去采野果，回家来篮子常常是空的，一个野果也没采到。他说："妈妈，树林里在奏乐呢，噢咦！噢咦！……"

田野里，小虫为他演奏；果园里，麻雀为他歌唱。凡是乡村里能听到的一切响声，他都注意听着，他觉得都是音乐。堆草料的时候，他听到风吹得他的木杈"呜呜"作响。有一次他正听得出神，被监工看见了。监工解下腰带，狠狠地打了他一顿，要他永远记着。

大伙儿管他叫小音乐家杨科。春天来了，他常常跑到小河边去做笛子。傍晚，青蛙呱呱地叫起来，啄木鸟笃笃地啄着树干，甲虫嗡嗡地叫。杨科躺在河边静静地听着。

村上的更夫常常看见杨科悄悄地躲在乡村旅店的墙角下静听。旅店里有人在跳舞，有时候传出脚踏地板的声音，有时候传出少女歌唱的声音。小提琴奏出轻快柔和的乐曲，大提琴用低沉的调子和着。窗户里灯光闪耀，杨科觉得旅店里的每一根柱子都在颤动，都在歌唱，都在演奏。

小提琴的声音多么美妙呀！要是能有一把小提琴，杨科真愿意用自己的一切去交换。只要让他摸一摸，哪怕只摸一下，他就够满足的了。

杨科用树皮和马鬃，自己做了一把小提琴，但是怎么拉，也不像旅店里的小提琴那样好听。它声音小，太小，就像蚊子哼哼似的。可杨科还是一天到晚拉着。

地主的仆人有一把小提琴，他常常在黄昏的时候拉。杨科多么想仔细地看看那把小提琴呀！他曾经悄悄地从草堆边爬过去，爬到食具间门前。门开着，小提琴就挂在正对着门的墙上。杨科很想把它拿在手里，哪怕一次也好，至少可以让他瞧个清楚。

一天傍晚，杨科看到食具间里一个人也没有。他躲在草堆后面，眼巴巴地透过开着的门，望着挂在墙上的小提琴。他望了很久很久，他怕，他不敢动，但是有一股无法抗拒的力量在推着他往前走，推着他那柔弱的、瘦小的身子悄悄地向门口移动。

杨科已经进了食具间。他每走一步都非常小心，但是恐惧越来越紧地抓住了他。在草堆后面，他像在自己的家里一样自在，可是在这儿，他觉得自己好像是闯进了笼子的小动物。夜静得可怕，月光偏偏照在杨科身上。杨科跪在小提琴前面，抬起头，望着心爱的小提琴。

过了一会儿，黑暗里发出了一下轻微的凄惨的响声，杨科不小心触动了琴弦。忽然屋角里有个睡得迷迷糊糊的声音在粗鲁地问："谁在那儿?"杨科憋着气。有人划了根火柴，蜡烛亮了。后来听到骂声，鞭打声，小孩的哭声，吵嚷声，狗叫声。烛光在窗户里闪动，院子里闹哄哄的。

第二天，可怜的杨科给带到管家面前。管家看了杨科一眼，这个瘦小的孩子睁大了惊恐的眼睛。怎么处置他呢? 把他当作小偷惩办吗? 他太小了，几乎站也站不稳，还用送到监狱里去吗? 管家最后决定："打他一顿算了。"

管家把更夫找来，说："把这孩子带走，打他一顿。"更夫点了点头，夹起杨科，像夹一只小猫似的，把他带到一个小木棚里。杨科一句话也没有说，他也许是吓坏了，只是瞪着眼睛，像一只被抓住的小鸟。他哪里知道人家要把他怎么样呢？

杨科挨了一顿打。他母亲来了，把他抱回家去。第二天，他没有起床。第三天傍晚，他快要死了。

杨科躺在长凳上。屋子前边有一棵樱桃树，燕子正在树上唱歌。姑娘们从地里回来，一路唱着："啊，在碧绿的草地上……"从小溪那边传来笛子的声音。杨科听村子里的演奏，这是最后一次了。树皮做的小提琴还躺在他的身边。

小音乐家杨科睁着眼睛，眼珠已经不再动了。白桦树哗哗地响，在杨科的头上不住地号叫。

（［波兰］显克微支）

发掘文本中的爱

——《"精彩极了"和"糟糕透了"》课堂实录及评析

背 景 说 明

因为突发奇想、心血来潮，2010 年 12 月 14 日，我到福州市花园小学上了一节小学五年级课——《"精彩极了"和"糟糕透了"》。来课堂上做我"学生"的除了花园小学的老师，还有福州市屏东中学的部分老师、《海峡都市报》的记者，以及生命化教育课题团队的陈文芳。

课 堂 实 录

张文质：其实我在小学多次听过这个课，从中受到一些启迪，对怎么教育孩子也有一些思考，但有一些疑问我一直没有解决。刚才翁婷婷同学复印了这篇课文，结果她漏掉了很重要的课文构成，这篇课文的作者是谁？（巴德）现在知道了吧，婷婷同学？课文的作者是非常重要的。有人就说，我们小学教材里面凡是有作者的都是好文章，凡是没作者的，文章都不太可靠。其实我们在课堂上课，都要有这个意识，研究一下作者是谁，这是我今天拿到这篇课文的第一个感觉，但我不知道你们看完这篇课文后的第一感触是什么。"美丽的大眼睛"（在现场听课的 A 老师眼睛很大），你说说看，你看到这篇课文最大的感触是什么？坐着讲，坐着讲。

A 老师：这篇课文其实写得很简单，就是写父母亲在家庭教育中的一个有冲突的场景，作者要告诉大家的是，两种教育虽然是很不一样的，但都能达到它特有的教育效果，父母的教育方式是相辅相成的。

张文质：你看完后最大的感触就是父母合作的教育，这种理念是从不同的侧面体现出来的，父母其实还是配合一致的，从不同的视角来关爱这个孩子，对你而言是感触比较深的。还有吗？还有没有不同的看法呢？陈文芳，你看完后有什么样的感触？你还没当过父亲。

陈文芳：但是我当过孩子。

张文质：是，是，人人都当过孩子，我们千万不能忘了我们曾经是孩子。你就从孩子的角度谈谈你对这篇课文有什么感触。

陈文芳：一开始看到前面这几段的时候，我突然想到我自己以前写的一篇文章。我写我小时候种玉米，在自家碗橱里培育幼苗，弄得碗橱里脏兮兮的，而我认为自己做了一件很了不起的事情，一直期待着爸爸妈妈来夸奖我。我的这种心情，和本文作者所描写的那种等待父亲回来的心情很相似。"七点。七点一刻。七点半。"仿佛那个孩子一直在看着秒针一点一点地、缓慢地往前走。也就是说，作者对孩童的心理感受描写特别准确。

张文质：就是那种等待的心理比较像儿童，准确地体现出儿童的特征，你感同身受，说明你还没老，儿时的事情还记得。还有哪位同学有感触？

B老师：我以前也教过这一课，刚才看了也在想，从我自己的角度看母亲的"精彩极了"和父亲的"糟糕透了"，有一点很神奇，母亲一直坚持这样做，父亲也一直按照自己的方式做，他们之间没有互相要求，父亲没有要求说"你不能这样那样，你得改过来像我这样那样"，母亲也没有，他们两个好像达成一种默契，一直这样坚持下来。

张文质：唉，这点很有意思啊！很少有人谈到这个。父亲坚持父亲的原则，母亲坚持母亲的原则，彼此之间不是去代替对方，这是第一。第二呢，始终如一。就像孔夫子说的："吾道一以贯之。"这"一以贯之"非常重要，它体现出了自己对教育信念的强烈认同，始终如一，不会轻易地改变，这个对你有很大的启迪。但是你这么一说，对我也有很大的启迪。校长说说看。

王志宏校长：这篇课文的题目虽然是《"精彩极了"和"糟糕透了"》，但是当中有一句话我觉得很有意思，就是"有时候我鼓起勇气给父亲看我写的……"这句，父亲说的是"写得不怎么样，但还不是毫无希望"。这里是不是……

张文质：实际上这里父亲已经根据孩子的成长作了一种调整，这也体现了父亲的一种教育原则——他不是没原则的，而是根据孩子的发展状况给予评价，当然父亲给出评价时仍然是比较谨慎的。但从孩子的视角来说，还有没有不同的看法呢？

C老师：以前总是听说，在孩子面前，父母的教育要保持一致，这一对父母的评价是完全相反的，但孩子最后还是取得了成功。我刚当妈妈，我首先想到的就是我和我先生以后在对待孩子的教育问题上要怎么做。不能两个人都说精彩极了，就像文中说的，还是需要警告的力量来平衡，不然孩子可能最后一事无成。如果两个人都说糟糕透了，孩子可能会变得更惨。这让我变得有点迷茫。

张文质：实际上这种迷茫是当父母的经常会遇到的，因为我们有时候恰恰麻烦在这里，我们不知道你一句话到底会产生什么样的后果，我们没有预见性。我们作判断的时候就需要特别谨慎，有了这种谨慎，实际上就希望我们避免发生错误，避免发生一些恶果。所以对父母来说，他们为什么敢作这个判断呢？其实你说的迷茫跟这个有关系，为什么敢作这个判断，比如说他父亲，他父亲就不害怕这样严厉的评价会伤害孩子的心吗？

　　C老师：是爱的力量，这两个看似矛盾的两极，其实是和谐的。我觉得很多事物都是这样，看似非常矛盾，其实就是因为有两极的力量，才能体现出它的和谐。爱的力量是非常强的，只要是在爱的氛围里面，孩子的成长都会很健康的。文中说，他虽然现在成为一个成功的作家，但并不是因为他成为一个作家而成功的，而是他父母爱的教育引导他成为一个作家，即便他不是作家，他也是成功的。

　　张文质：这里说到爱，其实课文里没有明写的就是父母对小孩的爱。实际上，这样的爱是建立在良好的亲子关系的基础上，是建立在对孩子充分了解的基础上，也是建立在孩子对父母充分信赖的基础上。所以爱虽然没有说出来，在小孩看来，父亲所说的话不是很突兀的，没有对孩子的心灵构成折磨和打击。这点其实在课文里并没有细致地说出，但我们透过孩子对父母的认同以及他从父母身上所获得的智慧可以感受到。从文章来说，它用了比较戏剧性的方式把看似两个很极端的观点放在一起，这在孩子成长的过程中极有帮助，使孩子最后获得了一个我觉得很有意思的平衡能力。这样的平衡能力实际上是不断地提醒他，他一方面得到爱的援助、爱的鼓励；另一方面又得到警告，不断地获得成长的平衡力。这是你最大的感受。从一篇文章里，我们可以发现有不同的视角。西楼老师，你现在是教高中学生，高中学生有各种各样的问题，你做了一个高中教师后，看了这篇文章有什么样的感触呢？

西楼：我看完以后第一个反应也是我应该怎么对学生。现在的学生在经历过挫败以后，特别希望得到肯定，一旦被否定了，他就会对自己失去信心，所以我现在感觉我们老师要特别有意识地多去肯定孩子。

张文质：就是孩子在成长过程中经常听到"糟糕透了"，所以现在特别希望听到"精彩极了"。

西楼：但是这个度不好把握。

张文质：哦，度把握不好又让他倾斜了。还有一个就是说，他即使渴望得到"精彩极了"，但是"糟糕透了"对他的刺激太深，负面的评价对他的伤害或对他的影响有时候我们预想不到，看上去一句平平常常的话，后果会是怎么样我们预想不到。这又是一个视角，还有没有其他不同的视角呢？

西楼：其实我比较喜欢文中爸爸说的一句。他说："哪条法律规定巴德一定要成为诗人的？"这就是你刚才说到的，为什么爸爸会有这种决断力去对孩子作这种否定？

张文质：他判断的基础是什么？这种最核心的基础是什么？

西楼：他要他能够正确地认识自己。

张文质：就是成为一个正常的人，能够认识自己，能够接纳自己，成为比较平衡的人。至于他是不是能够成为一个诗人，一定要建立在这样的一个基础上，而不是一开始就把他当成一个诗人来培养，然后不断地宠爱他，不论他写了什么，都给予他最高的评价，生怕稍微批评一下他就不能成为诗人了，他就不能成为作家了。这又是一个很有意思的解读视角。这位小伙子来说一下，你还没有当过父亲，还没有成家，又在一个几乎都是女教师的学校里面，那你来说说看。

D 教师：文中所讲的这些，我觉得对孩子很重要，妈妈对孩子的鼓励，孩子能够理解；爸爸对他的批评，孩子也能觉得是对他好的。他能够这么理解，我觉得这是非常了不起的。

张文质：孩子的理解力是从哪里来的？

D 教师：……

E 老师：我来说说。我觉得我们中国社会一直都强调激励教育，但我觉得适当的挫折教育是有必要的。举一个例子，上周六我带我的外甥参加"棒棒 TV"的一个比赛，前几关他做得都非常好，成绩非常棒。到最后一关的时候是两个家庭的个人对个人拔河比赛，小孩这一关胜利了，但是母亲和母亲对决时，他的妈妈，也就是我的姐姐，失败了，我的外甥见状就大哭起来，他就不能承受这种失败。最后是他的父亲成功了，他才非常高兴。所以，我觉得虽然应该以鼓励为主，但让孩子受到适当的挫折是有必要的。从我自身来讲，我也是个母亲，我觉得作为一个母亲，对孩子也要像文中的父亲和母亲一样，从两个方面来进行教育。你不仅要鼓励孩子说"精彩极了"，在他不足的时候，你也要跟他说"糟糕透了"。总之，要有两种观点平衡才好。

张文质：好，非常好。看上去两个极端的评价也可以归纳为不同的教育方式，在一个人身上达到了一致的良好的效果。你这个说法正好也回答了刚才这位老师的疑虑，就是这孩子怎么有这样的理解力。其实在这篇文章的背后我们可以看到，这样的理解力来自于父母耐心的引导。母亲的鼓励和父亲的批评其实都是引导孩子获得理解力的方式，但其中有一个共同点，即都是有耐心。有了这种耐心，而且是持之以恒的，看到每一件事物、某种状况、某个疑难问题的时候，父母都需要秉持这样的耐心，批评的时候是批评，鼓励的时候是鼓励，进行分析的时候是帮助他作分析，这又是我们对这篇文章的一种解读。

我发现，这个解读很有意思的地方在于：第一，这个解读是个体性的，带着个体的经验、个体的价值判断、个体的兴趣或者独特的审美趣味，这是很重要的。第二，这么分析下来，也很难说谁的解读更精彩。实际上，各有各的精彩。一篇文章读完以后，在对它进行解读并作评价时有一个前提，这个前提就是肯定它的个体性，肯定个体性的价值，这样才可能使文本解读更具有开放性。如果评价文章时只有唯一的一个尺度，就很难有开放性的理解或是能力的形成，这是我对大家观点的归纳。但我还有一个很感兴趣的地方，当我看到这种叙事性文章的时候，我希望大家都作一些归纳，当然大家刚才也都作了一些归纳。但我还很希望大家能用叙述的方式说一下这个故事，有没有谁教过这篇课文？你教过，那你来把这篇文章说给大家听一听。

F 老师：我能不能用概括的语言来复述一下？

张文质：可以。

F 老师：站起来说吧。

张文质：好，站起来说。

F 老师：这篇课文的作者是巴德·舒尔伯格，他是美国著名的作家、文学家，他写的是他七八岁的时候写了一首诗，得到了父母两种不同的极端评价。母亲是非常兴奋地说"精彩极了"，他得到这个评价后非常高兴、非常自豪，希望父亲回来之后也能像母亲一样赞扬他、夸奖他。结果，在他焦急等待的过程中父亲回来了，他听到的却是父亲的批评，父亲说这首诗"糟糕透了"，他非常伤心。在好几年之后，他才明白了父母亲不同的评价实际上是对他的不同形式的爱：一种是慈祥的爱，给他一种鼓励的作用；另外一种是给他一种警告的力量。他在这两种爱中找到了平衡，在成长的路上能够扬帆而行，后来他取得了成功。

张文质：好，谢谢你叙述了故事。如果没有看过这篇文章，听了她的叙述以后，我们至少知道发生了什么。文中有三个人物，事件是父母对一首诗歌不同的评价。不同的评价使主人公在成长过程中不会有所偏颇，最后成为一名优秀的作家。这是一种叙述方式，还有谁愿意叙述一下？还有不同的方式吗？如果说你觉得刚才叙述的时候有一些地方可能不够简洁，或者说有一些地方突出得不够到位，那么就可以补充。你来叙述一下，你现在看过好几遍了，在课堂中看过两遍就可以叙述了，你现在不看文章叙述一下。

G 老师：我可不可以作自我反思性的概括？

张文质：那行，那行。

G 教师：这位作家回忆小时候写的一首诗，得到了父母亲两种截然不同的评价。母亲给他的评价是"精彩极了"，父亲给他的评价是"糟糕透了"。长大后，他体会到这两种评价其实包含了两种不同的爱，这两种不同的爱对他的成长起了很大的作用。

张文质：好，这个叙述很简洁，把它的主题很充分地凸显了出来。当然，这种叙述又把文中一些很生动的细节忽略了。婷婷，你来。

翁婷：《"精彩极了"和"糟糕透了"》这篇文章，是说有一个小朋友巴迪，在他七八岁的时候写了一首自认为非常优美的诗，他把这首诗给他妈妈看的时候，妈妈表现出了他意料之中的夸张的反应，并且用很优美的、他很爱听的语言表扬了他，他顿时非常高兴。于是，他觉得也应该能得到爸爸的表扬。他认真地把那首小诗重新抄写了一遍，郑重其事地把他的第一个作品交给了爸爸，满怀期待地等着爸爸的表扬时，却得到了爸爸劈头盖脸的批评。爸爸认为这篇文章太糟糕了，他顿时觉得无法接受。但是当他冷静下来的时候，他发现爸爸说的是对的，于是他尝试着开始修改（停顿……笑）。呃，但他一直以来没有放弃写作，几年以后，当他再看这首诗的时候，他不得不承认爸爸说的是对的。因为一直有可爱的妈妈在鼓励他，他才有勇气坚持写下去。现在他已经长大了，他也写了很多作品，但是当他回忆起童年的时候，他认识到，无论是"精彩极了"，还是"糟糕透了"，都是两股温暖的风，在他童年成长的道路上，促使他健康、和谐地前进。谢谢。

张文质：当我听翁婷婷同学叙述的时候，我想到了两个问题。一是用自己的方式对文章进行叙述，这是非常重要的。我们所有的老师，不仅语文老师、数学老师，在上课的时候，一定要培养孩子的复述能力、叙述能力、概括能力，因为当你进行叙述或者概括的时候，你的理解力，包括你对课文的掌握能力，都发生变化了。别小看这个能力，它其实是一种素养。二是其实所有的叙述都会加上自己的理解，最后叙述的结果就会带着个人的痕迹。所谓痕迹就是价值判断、取舍，将个人对措辞、故事梗概的偏好带进去了，于是对课文的理解就有差异了。

除了这两点之外，你的表达要有吸引力，要让别人非常爱听。人家听了你的故事以后，觉得这个讲故事的人非常有魅力，很喜欢听他讲故事。这也是我们要培养的素养，这也都是课堂中经常被忘掉的价值。我们课堂上经常直奔目的，直奔最后的结果，做练习或问答题。这些是不够的。我的建议是，让孩子在课堂里去复述、去概括、去表演。因为只有进入情境，他对这篇文章才有情感，才有敏感性。像婷婷刚才自己添加上去的，其实就是对人物的理解。婷婷同学给大家准备的这个课例，我也没给她提要求。那么准备完课例以后干什么呢？大家看完课文以后要考虑：有没有类似这样的案例，拿出来跟我们分享一下？就像刚才的这位老师，她给我们复述了她姐姐孩子的故事，在你的经验里面有没有类似这样的教育故事？

H老师：我也说一下。我孩子已经读大学了，孩子的学习对我们父母来说是大事。刚才婷婷老师复述这篇课文的时候，我有几个感受。第一，巴迪写了一首自认为非常好的诗，如果他是先给爸爸看的，爸爸说糟糕透了，可能他受到的打击就不会那么大。我孩子也经常这样，都是先表扬。有的时候他爸爸回来是先批评他，然后我再加以表扬，他那个感觉就完全不一样了。第二，巴迪比较敬仰他的父亲，因为父亲是一个重要人物，写了很多剧本，他觉得父亲一定会比母亲更赞扬这首诗。那我也想到，如果起先没有母亲的赞扬，他就不会抱着这个希望说他爸爸回来一定会赞扬。第三，因为我也深有体会，对孩子来说，一般父亲表扬的次数会比母亲少。我先生也经常说孩子都是被我宠坏了，自理能力啊什么的不强，但是我觉得他到了一定的年龄，有些事情自然而然就会了，不一定要从小就强求他。如果是他父亲教育在先，我摆在后面，那也许我的孩子现在的成长又完全不一样了。所以，如果他受到父亲的批评说是糟糕透了，他反应也不会那么大。还有一个，婷婷老师刚才说"他受不了了，后来思考一下又觉得他父亲是对的"，好像文中不是这样的，是几年以后他再拿出这首诗看，不得不承认他父亲是对的。我这里有个感受，我读师范学校的时候，有个老师，他给我们存了一篇作文《恋恋再相会》，存了20年。当时我还觉得这篇作文非常好，老师的评语什么的也很好。20年之后的同学聚会，他真的把那篇作文拿出来给我们看，我此时再看觉得我怎么会写这么幼稚的文章，字写得又差，那完全不像我的字。作者几年以后再拿出这首诗，发现父亲说的是对的，我是觉得那个时候对小孩子来说当然也不是那么糟糕透了，嗯……就这些感受。

张文质：你在评述的时候，发现了一个在阅读上有一定障碍的学生，没看清楚课文。我觉得，其实你已经涉及文本的叙事方式。这给我们另外一种启迪：到底是父亲评价在先，还是母亲评价在先？这样可能会产生不同的后果。其实这也是一个蛮有争议的问题，包括孩子到底受父亲的影响更多，还是受母亲的影响更多。但是这篇课文的作者是强调两种方式伴随他成长，一方面，人的成长需要得到很多温暖的鼓励，但另一方面又需要比较严厉的提醒。因此，他既不会因为鼓励过多而妄自尊大、忘乎所以，也不会因为一直备受打击而自卑，或者经常有挫折感，对自己前进的方向感到很迷茫。所以在我看来，作者是强调平衡教育的重要性，或者是父母各自不同的引导是非常重要的，这两个方面都很重要。

H 老师：虽然"精彩极了"和"糟糕透了"的评价能让孩子平衡，但是就像您刚才说的，必须和孩子建立起良好的亲子关系，如果没有这层关系的话，结果未必会像巴迪一样。我这里有个真实的例子，不方便说是谁，就是我同事的一个孩子，今年已经 20 多岁了，爷爷奶奶非常疼爱他，就是蚊子叮了他一下都会心疼，谁要是讲这孩子什么，爷爷奶奶都会维护这个孩子。但他母亲非常严厉，经常把自己的孩子跟别的孩子进行比较，不好的时候还会打他。这造成一个什么情况呢？孩子 20 多岁了几乎都在家里，精神上已经有点受不了他母亲了，经常报复母亲。我那个同事根本没法上班，一出去儿子就要叫母亲回来，要不然就把家里弄得乱七八糟的。所以父母与孩子的亲子关系是非常重要的，家长要了解孩子，孩子也要充分地信任父母，这样才能起作用。我觉得如果只是两个极端，反而会误了孩子。

张文质：我们的记者又是跑教育的，最近正在关注生命教育，你听完以后有什么感触？

海都报记者：我觉得两个案例的本质区别就是爱的

表达问题。刚才她讲的这个妈妈这么严格，可能从小就没有让孩子感受到爱；故事里的父亲虽然对孩子比较严格，但孩子一直以来能感受到父亲的爱，父亲严厉的批评能够让他继续前行。但 H 老师说的那位妈妈的言行完全让孩子丧失了前进的力量。

张文质：其实我今天跟大家分享这篇课文有几个目的。第一，我觉得我们的孩子在学习的过程中所学习的文本一定会对孩子有所启迪，这个启迪既不是课文强加的，也不是老师灌输的，而是孩子回到文本，独立地去理解文本。所以，老师在课堂上要鼓励孩子独立地去理解文本，将此作为我们教学的出发点。第二，我特别看重高年级孩子的复述能力、表达能力、个性化的表现能力，这些都是语文素养不可或缺的要素，我们的教育还要培养有个性的人、有魅力的人、有吸引力的人。第三，我们在课堂中要引导，把个人的生活经验和阅读经验带进课堂，使之成为课堂共同的资源。比如，今天虽然只来了十来位老师，但是你就发现个人的经验非常重要，个人的解读使得一个简单的文本具有复杂性，具有一种连作者都没发现的不同的解读价值，这点很重要。作者写的时候有他的目的，但是当这个文本写完之后，你怎么去读文本，作者是没办法控制的。这样一种开放性实际上对一个人来说就变成了多方面的启迪，这点非常有意义。我们的语文课文从这个意义上说，确实不是简单的知识传递或对某个结论的记忆，甚至也不是作者告诉你的。某种意义上，我们今天的阅读是对文本的一种超越。可以说，语文素养必须有这样的一种升华，人才会变得更加聪明，更加有个人的见解。好了，那就上到这里吧。（掌声）本来我还有一个话题，就是大家有没有困惑。其实，文本读着读着还是会有困惑的，是吧？那我们就把困惑带回去，自己再去想一想吧！谢谢！（掌声）

教 后 评 析

在课堂上"广开言路"

张文质上课有一个特点，课堂进入阶段，提的问题大都极其简单，简单到令人摸不着头脑。我有时候甚至会在下面暗自担心：跑题跑得这么远，怎么收回来啊？但张文质总有他的办法。

提问简单，有一个众所周知的好处，就是每个被点到的学生都可以说上几句。张文质的课堂，基本上都是以这种"无形""无意"的方式开始的。

上《"精彩极了"和"糟糕透了"》这堂课时，张文质因循了"简单进入"的做法。但我听着听着，突然想明白了过去自己为什么会"摸不着头脑"。以前我看课堂时，总是认为40分钟的课堂应该是紧凑的，每一段都应该有明确的任务安排，整堂课要围绕一个明确的目标。这样的观念，同时也意味着一种期待，也就是说，我在进入课堂时，已经有了一个受过去经验影响的、既定的、有点刻板的评价标准。张文质的课从一开场就打破了我的期待，打破了我评价课堂的标准，观念的冲击令我"摸不着头脑"。

张文质的课堂，是从学生们的"说"开始的，是从"说"这个动态的过程——没有预设的、生成性的过程——开始的。

《"精彩极了"和"糟糕透了"》是一个很简单的叙事文本，文章记录了作者童年时期经历过的一件小事。如果仅仅只想到知识性教学，这样的文本教起来就会非常困难，因为要生字没生字，要修辞没修辞，而且写作技巧也没有。况且，这堂课面对的对象都是有一定知识背景的成年人。怎么办？张文质选择"广开言路"，在学生们"说"的过程中，简单文本背后的丰富意义渐渐浮现出来。

正是在越来越多的人参与"说"的过程中，我们发现了藏在文本背后的作者，同时也发现了站在文本之前的读者。写作一篇文章，对于作者而言，是一次生命的涌动。阅读一篇文章，对于读者而言，何尝不是一次生命的涌动呢？读者在阅读过程中的"生命的涌动"，实际上就是读者个体经验与文本中的某些句子产生了交集、碰撞、共鸣。这种个体性阅读体验虽然是微妙的，却是独一无二的，有时候甚至是极为深刻的。张文质所做的，便是问一些极其简单的问题，让学生们分享这些个体性阅读体验。

以《"精彩极了"和"糟糕透了"》为例，这是一个发生在童年的家庭教育故事。每个人都有自己的童年，每个人也都有自己的家庭，所以，在阅读这个文本时，每个人都会自然而然地联想到自身过去的某一段经历。许多问题，总是在你身心投入其中时，才能思索得更清晰；许多事物，也总是在你身心投入其中时，才能发现其内里的丰富和美妙。我们的阅读体验，夹揉着文本中的故事、个人的经历与反思，借助老师的引导，我们把这些体验分享了出来。

在分享的过程中，教室里形成了一个奇妙的、暖融融的场域，在那个特定的时段，老师和学生们一起构成了一个文本研究的共同体。是的，在张文质的课堂，学生们似乎被一只"无形的手"慢慢牵引着，不知不觉间，竟自己生成了一种研究的氛围，并且兴味盎然地研究着这个以前看不出有多大味道的文本。在分享（研究）的过程中，每个人的发言都在一定程度上丰富了其他人的理解。

那只牵引着学生们的"无形的手"到底是什么呢？是自由、安全、开放、宽容、理解……

其实，每个人都有分享的欲望，只要你营造出一种自由的、安全的、开放的、宽容的、理解的氛围，总而言之，就是适合分享的氛围，学生就能送你很多"蓝宝石"，教室里也会充满美妙的"蓝宝石"。

在课后交流时,张文质说:"教师不能简单地按惯性来教。""我们应该想到,我们是要培养一个现代公民。培养一个现代公民,需要怎样的教育理念,需要怎样的教育方式呢?"

我想,像张文质这样"广开言路"的课堂不失为教师的一种追求。

(陈文芳)

听张文质上课

2010 年 12 月 14 日,从李华老师处得知张文质老师下午在花园小学有一堂特别的课,因为恰好下午没有课,于是问了时间和地点,便赶了过去。

原以为是去观摩张老师上课,不曾想我才出现在教室就被安排在第一桌,这才明白我就是张老师今天的学生之一了。这样的感觉很新奇,因为在台上久了,离做学生的感觉也远了,重新坐在孩子的位子上,我似乎又找回了些许童真,兴奋得四处张望。正当我心中暗暗揣测张老师今天"葫芦里卖的药"的时候,一篇文稿放在了我面前。

张老师说话了:"这就是我们今天要研读的文本,大家先看看吧。"张老师话音才落,我忽然有些紧张起来,因为张老师的问题总是会把你的思考引向深远处,而我的思考常常慢几拍,所以我常常习惯于听而并不急着表达。如今,我就坐在张老师眼皮底下,我怕会被张老师的问题难住，但再转念一想，能做一回张老师的学生，就是被他智慧的问题炸死也是幸运的。于是便开始认真地阅读。

《"精彩极了"和"糟糕透了"》——文本的题目很快吸引了我。这是一篇叙事文章，据说是从五年级小朋友的课本里选出来的，平实的语言、淳朴的叙述方式、鲜明的人物形象和细腻的内心活动描绘，很快让我进入了情境并产生了共鸣。而共鸣唤起了在座的老师兼"学生"更多的关于自己、孩子和学生成长中的相似的情感体验，而我对文本的理解也早已跳离了巴迪的故事……

张老师的引导是耐人寻味的，每一个问题的深入也是发人深省的：

如果从孩子的角度阅读，你有什么感受呢？

回到个体的角色，你有什么新的认识？

为什么文中的父亲敢于对孩子作出"糟糕透了"的判断和评价？

孩子的理解力来自于哪里？

……

如果说文本本身已经能够给读者提供多维思考和感悟空间的话，张老师的问题则让更多的思考有了现实意义和价值：在教学中更多地鼓励孩子独立理解文本，给予个体更多个性化表达和表现的空间；提倡把个人的生活经验和阅读经验带入课堂，以丰富文本，使问题有更多的复杂性，以帮助读者建立正确的并且是多样化的认识和解决办法；相信"所学皆成性格"（培根），每一个个体的理解和判断都是有意义和有价值的；阅读者的心在哪里，收获就在哪里。

我没有记录张老师上课的时间，只知道在这堂课结束的时候，"学生们"还意犹未尽。所以我们完全有理由相信：一个有魅力的老师是具备把时间变短的魔力的，是真正能够实现变"要我学"为"我要学"的智者。

相信关于这堂课的意义远不止于此，更多的思考和尝试还会继续，并且我也相信这样的尝试结果无论"精彩极了"还是"糟糕透了"，一切都是有意义的。

（西楼）

课 文 附 录

"精彩极了"和"糟糕透了"

记得七八岁的时候，我写了第一首诗。母亲一念完那首诗，眼睛亮亮地，兴奋地嚷着："巴迪，真是你写的吗？多美的诗啊！精彩极了！"她搂住了我，赞扬声雨点般落到我身上。我既腼腆又得意洋洋，点头告诉她这首诗确实是我写的。她高兴得再次拥抱了我。

"妈妈，爸爸下午什么时候回来？"我红着脸问道。我有点迫不及待，想立刻让父亲看看我写的诗。"他晚上七点钟回来。"母亲摸着我的脑袋，笑着说。

整个下午我都怀着一种自豪感等待父亲回来。我用最漂亮的花体字把诗认认真真地重新誊写了一遍，还用彩色笔在它的周围描上一圈花边。将近七点钟的时候，我悄悄走进饭厅，满怀信心地把它平平整整地放在餐桌父亲的位置上。

七点。七点一刻。七点半。父亲还没有回来。我实在等不及了。我敬仰我的父亲，他是一家影片公司的重要人物，写过好多剧本。他一定会比母亲更加赞赏我这首精彩的诗。

快到八点钟时，父亲终于推门而入。他进了饭厅，目光被餐桌上的那首诗吸引住了。我紧张极了。

"这是什么？"他伸手拿起了我的诗。

"亲爱的，发生了一件奇妙的事。巴迪写了一首诗，精彩极了……"母亲上前说道。

"对不起，我自己会判断的。"父亲开始读诗。

我把头埋得低低的。诗只有十行，可我觉得他读了几个小时。

"我看这首诗糟糕透了。"父亲把诗扔回原处。

我的眼睛湿润了，头也沉重得抬不起来。

"亲爱的，我真不懂你是什么意思！"母亲嚷着，"这不是在你的公司里。巴迪还是个孩子，这是他写的第一首诗，他需要鼓励。"

"我不明白，"父亲并不退让，"难道这世界上糟糕的诗还不够多么？哪条法律规定巴迪一定要成为诗人？"

我再也受不了了。我冲出饭厅，跑进自己的房间，扑到床上失声痛哭起来。饭厅里，父母还在为那首诗争吵着。

几年后，当我再拿起那首诗看时，不得不承认父亲是对的，那的确是一首糟糕的诗。不过母亲还是一如既往地鼓励我，因此我一直在写作。有一次我鼓起勇气给父亲看了一篇我新写的短篇小说。"写得不怎么样，但还不是毫无希望。"根据父亲的批语，我学着进行修改，那时我还不满 12 岁。

现在我已经有了很多作品，出版了一部部小说、戏剧和电影剧本。我越来越体会到我当初是多么幸运。我有个慈祥的母亲，她常常对我说："巴迪，这是你写的吗？精彩极了！"我还有个严厉的父亲，他总是皱着眉头，说："这个糟糕透了。"一个作家，应该说生活中的每一个人，都需要来自母亲的力量，这种爱的力量是灵感和创作的源泉。但是仅有这个是不全面的，它可能会把人引入歧途。所以还需要警告的力量来平衡，需要有人时常提醒你："小心，注意，总结，提高。"

这些年来，我少年时代听到的两种声音一直交织在我的耳际："精彩极了"，"糟糕透了"；"精彩极了"，"糟糕透了"……它们像两股风不断地向我吹来。我谨慎地把握住我生活的小船，使它不被哪一股风刮倒。我从心底里知道，"精彩极了"也好，"糟糕透了"也好，这两个极端的断言有一个共同的出发点——那就是爱。在爱的鼓舞下，我努力地向前驶去。

（［美］巴德·舒尔伯格）

细说《雾凇》
——《雾凇》课堂实录及评析

背 景 说 明

2011 年 11 月 20 日，我在江苏省苏州新区枫桥实验小学参加《"1＋1"教育行动的校本研究——生命化教育的视角》研讨会，听了周志华老师执教的一节《雾凇》。课后，我即兴邀请在场的各学科教师充当一回特殊的学生，让听课者从学生、教师、评论者三个角度来研习这篇课文。

课 堂 实 录

师：大家好！今天我想上一堂和平时不一样的、带有一些研究色彩的课。小朋友和你们的家长，如果愿意，可以坐在"旁边"（用手示意，指课桌与课桌之间的走道当中），而将你们现在的座位让出来。我将邀请

15 位老师来现场做学生，并希望有 5 名语文老师、5 名数学老师，另有 5 名其他学科的老师。

（生纷纷"举荐"自己眼中符合条件的老师。不一会儿，老师们纷纷落座，但人数超过预期，并且每人都拿到了上课用的课文《雾凇》。学生坐到后排老师们观摩时坐的位子上）

师：请小朋友们坐在现在的位置上，待会儿上课的时候一起认真地听。如果上课遇到我提出的问题，虽然小朋友们也可以回答，但是请你们暂时不要回答，而是由老师们作答，好吗？（生答："好。"）那我们现在就准备上课了。大家是不是觉得很好奇啊？我原本准备请 15 位老师来当学生，结果发现愿意当学生的老师非常多。我非常高兴。现在，我想问下老师们，你们估计我会怎么上这堂课呢？（将话筒递给一位老师）

师 1：我觉得张老师会和我们聊天，聊着聊着，就将整堂课上完了。但具体怎么上，我还说不出来。

师 2：可能会带着问题上。

师：大家基本上把我的想法说出来了。这篇课文，有哪些同学读过？还有哪些同学看过雾凇的？（有人举手）当你看到雾凇的时候，你的感觉是什么？

师 3：非常奇特。

师：你能不能说说，你感觉到的"奇特"在哪里？

师 3：雾凇每天都会形成，它是在特定的气候下形成的。

师：这是什么气候？

师3：零下30多摄氏度，天寒地冻……

师：好的，谢谢。有谁来概括一下，雾凇究竟是什么？

师4：在高海拔地区，有一定水汽的地方，并且有很多树枝……

师：还有吗？

（执教者几乎小跑过去，将话筒交给另一人）

师5：没有风，零下30摄氏度左右。

师6：我觉得还有一个可能，就是白天的温度不是特别冷，像教材上说的，大致4摄氏度左右，这时空气中有很多水汽弥漫在空中，而在夜间突然降温，一直降到零下二三十摄氏度。这种温度骤变，加上静风的条件，可能雾凇就会结在树枝上。

师：好。刚才几位同学简单介绍了雾凇的形成，然后大家进行了具体的概括。概括之后，我们发现至少要有七个方面的条件，才可能形成雾凇。也就是说，这七个条件中缺少任何一个，能形成雾凇吗？不能。所以，需要很多条件组合在一块儿才有一个比较独特的自然景观出现。有句诗叫"造化钟神秀"，也就是说，大自然中很多独特的景观恰恰都是属于某一个地方独有，在其他地方可能就没有，而且这是非人工的，是由多种大自然元素巧妙地在特定的时间组合而成。所以，珍贵之处，稀奇之处，令人向往之处，也就在这里。

那么由此，我们就知道了雾凇的形成原因。有没有哪位同学愿意将课文读一下？

（一位男老师朗读，声若洪钟，发音准确，抑扬顿挫，表情也极为投入。师边听边点头。读完，全场报以热烈的掌声）

师7：读得非常好。我读得没有他好，也没有见过雾凇。但听了他的朗读，好像眼前一亮，对雾凇重新有了认识。

师：这确实让人身临其境，通过他的朗读，我们有一种现场感。

师8：我的感觉是像在听广播里的节目，感觉他的声色和亲和力非常好，虽然没有见过雾凇，但的确有了不一样的感觉。

师：（轻轻鼓掌）这位同学听得非常认真，评点得这么精彩，我也想让你读一读。

（师8开始朗读课文，深情款款，语速适中，吐词清晰，颇有感情）

师：我们枫桥小学的老师真的都充满了诗意。她读得激昂，充满激情，将我们带到了一个壮丽的自然景观面前。请问您是教什么的？

师8：我教了10年美术、5年语文。现在是语文老师。

师：谢谢，原来是语文老师啊。现在，我们再请位数学老师来读课文，有谁愿意吗？

（师 9 自告奋勇，声音比刚才还要响亮，音色更好，但感情上稍欠。读完，掌声再次响起）

师：我们这位同学读的最大的特点是：舒缓、从容、吐词非常清晰。我其实经常在想，我们拿到任何一篇课文，最重要的是熟读。也许每一篇课文，我们都要读上 3 遍，甚至 5 遍，这恰恰是我们语文教师的一种最基本的研究方式。那么，我们三位同学读完了，大家对这篇课文也有了一个基本的认识。如果我要问大家，听完、看完这篇课文，你最大的感受是什么？或者说它的特点是什么？或者说你喜欢的地方在哪里？

师 10：读了这篇文章之后，我的一大体会是：很美，很壮观。作者通过一些描写，把我们都带进去了，让我们有种身临其境的感觉，特别棒。

师：好的，让我们来对这位老师的评述进行思考。当我们说这篇课文"很美""很壮观"的时候，我们会不会在评价其他的课文时也这么说？这位老师后面说"身临其境"，说得比较具体。我的意思是，当我们在作评价的时候，我们能不能更细腻地说，我感受到的最真切的是什么？比如说"美"，到底"美"在哪里？而不是很抽象地概括。下面还有谁？

师 11：这个"美"，一个是表现在作者的遣词造句，比如"洁白晶莹的霜花缀满了枝头"的"缀"字。另外一个就是作者营造的这种银松雪柳、雾气缭绕的景观，读完之后的感觉很美。

师：很多时候，当我们在课堂中请孩子们回答问题的时候，他们会说得过于简略，过于概括。我听课的时候，常常有这样的感受，比如说，"美""奇""峻"。有时候，我们喜欢用一个字，或者用一个词来概括。我现在倒是很希望大家都像这位同学，她很具体地描述出美。而有时候，我们为了板书的需要，就尽可能用最简洁的词来概括。但是这样的词都有一个特点：比较抽象。抽象的结果是，比如说我们读完这篇课文，再读另外一篇课文，当我们都说"美"的时候，我们就分辨不出它们各自的美妙在哪里。你刚才也有举手。（话筒给了新的老师）

师12：我个人认为这篇课文最美的地方是在"这蒸腾的雾气，慢慢地，轻轻地，一层又一层地给松针、柳枝镀上了白银"一句。这让我仿佛来到了松花江边上，好像我就是凝结的霜花一样，就像白色的晶莹的天使一样，慢慢地凝结成了雾凇。

师：说得非常生动！我觉得，我们的课堂实际上需要倡导这样的学习状态，就是尽可能地让同学们把感受说得更细致一点，而不是只说得很简略、很概括。其实，简略和概括，不是这个阶段孩子的学习重心。让孩子把它说得更细致、更丰富，甚至更复杂，才是我们课堂值得注意的地方。大家都说到这篇课文很美，但是，还有什么大家没有说到呢？

师13：这篇课文一开始就吸引了我。首先，雾凇会出现在这么低温的环境下。其次，为什么雾凇一定要选择在松花江畔呢？再次，作者说这是一种奇观，我就想了解这种奇观究竟"奇"在什么地方。我仔细看，文章的第 2 段就真的向我展示了它的奇特之处，令我非常兴奋，因为我看到了它形成时的那种奇特。对于景色的奇特，在读到第 3 小节时，我真的愿意去体会这样的生活，也想去那里走一走。

师：（带领大家鼓掌）刚才这位同学主要谈了这篇文章吸引他的地方——"奇特""奇妙"。作为这篇文章的作者，他通过具体的描述，比如时间、地点、气候等要素，写出了让这位老师想去走走的感觉。所以，有人说这篇文章是一步步带着你去揭示它的奇妙之所在。这篇文章有一种很自然的表现，它始终和人的好奇心保持一致，用一种"揭谜底"的方式把雾凇的奇观完整地呈现出来。我觉得，这是这篇文章的美妙之所在。

师 14：我非常同意刚才那位同学所说的。这篇文章激起了人的一种阅读欲望，揭示了阅读的某种规律。比如说，文章的开头说"这就是闻名全国的吉林雾凇奇观"。那我们就会想，它为什么是闻名全国的呢？又为什么是奇观呢？作者很会抓住我们的阅读心理。而在文章的结尾，作者又写得很有诗意，"忽如一夜春风来，千树万树梨花开"，这就带着我们产生了一种遐想，让读者意犹未尽。比如说，我们在说到张老师的时候，会介绍说"全国生命化教育课题的负责人"，那别人就在想，张老师到底负责什么呢？

师：其实还有一点，就是这篇文章中，作者总是一步一景。最后，那种美妙只有在你经历整个过程后才能体会。

师15：在没看课文之前，我以为雾凇的"凇"就是松树的"松"，而今天读了课文，我的主要收获有两个：一是知道"凇"指的是一种气候现象；二是我是一个特别怕冷的人，但是读了这篇课文，我居然有一种想去北方走一走、看一看的愿望。

师：作者啊，达到了两个目的：一是普及了知识，比如对这个"凇"字的认知；二是我们读完了之后，确实对雾凇产生了一种向往。实际上，大自然是很奇妙的，它的奇妙是需要我们通过文字、图像来传递的。这种传递，也拓展了我们生命的经验。我们所有好奇的习惯，往往都是对我们生命经验的一种表达，而这篇课文恰好达到了这样的效果。刚才有同学谈到，作者写作的种种奇妙之处在于什么什么。我就很好奇，这篇课文有没有作者？（老师们纷纷翻看课文）课文里有没有注释说是谁写的？没有。为什么课文没有作者？在我们现行的课本里，有些课文是有作者的，有些是没有作者的。我这里有两个问题。第一个问题是，这篇课文为什么没有作者？第二个是，有作者的课文和没作者的课文有什么不一样？哪位同学愿意来回答？

师16：为什么没有作者的课文还能选到书上？因为

162

这篇文章久经考验啊（全场笑），它已经为大家所认可了，为编语文书的人和学习过的人认可了，所以不需要作者。（现场又传来些许的笑声）

师：她这个观点大家认同吗？

师17：我觉得没有作者的文章是集大家的智慧写成的，是编辑将一些优美文章的句子加工合成起来的，所以就没有作者。有作者的文章，都是一些名家的经典佳作。

师：前一位同学说没有作者的原因是文章经过了千锤百炼，被大家共同认可的；后一位说是经过编者的编辑而成的。但如果是由编辑而成，应该在下面注"本文是本书的编者编辑而成"。这位同学，你怎么看？

师18：我开始就是不明白，所以坐下来之后的一个问题，就是问其他同学："你是语文老师，这篇文章的作者是谁啊？"她没告诉我。所以这个问题一直困扰着我。

师：你觉得一篇文章有作者和没作者重要不重要？

师18：我觉得很重要。

师：我赞成你这个观点——作者非常重要。当我看任何一篇文章，我首先会看是谁写的。如果这篇文章非常精彩，我就会马上"百度"：这是谁？当然，百度不完全都精确。比如，他叫张文质，使用百度发现叫这个名字的还挺多，最近已经有好几个叫"张文质"的去世了，（众笑）但你一定可以在其中搜出一个你想认识的

"张文质"。刚才有位同学在下面窃窃低语："这个编者是谁啊？知识产权都被偷窃了。"大家同不同意这个观念啊？作为一个教材来说，我们原来的教材有很多是没有作者的，而现在的教材，从编辑规范来说，一定要有作者。这篇文章，我认为更多的是这样两种情况：一种情况是，它可能真的没有作者，也就是说是一群人写的。比如说，它是旅游景点的宣传人员写的，就是经过好多人的手，文章才修订成现在这个样子，所以你难以找到作者。这是一种情况。但即便是这样，它也必须在教材里面有所交代。另外一种是，因为作者很难找，所以就没有署名。但是从编辑规范的角度说，它应该写"作者不详"。所以，从课文的规范来说，不能没有作者。我们现在再回到第二个问题：有作者的文章和没作者的文章有什么区别？

师19：有作者的，可以让我们了解作者的背景，有助于我们对文章的把握。而没有作者的，对于写作的目的和背景都无法知道。

师20：有作者的文章，还可以激起学习者拓展阅读的兴趣，可以把这篇文章和其他文章放在一起作比较。

师21：我发现一个问题。有作者的，基本上都是叙事，或者说是写情感的；没有作者的，一般是写景的，或者是说明性文字。我的看法是，写人的或是写情感的，有署名可能有两个目的：一是可以通过名家的作品来让学生得到情感的教育；二是即便不是名家名作，也可以通过作者的人生经历让小孩子切实地体会到作者的情感。

师：这位同学谈得非常好。你已经涉及文体的差异了。在我们的课本里面，有一些说明性的文字，往往没有作者。而实际上，你要是去查，也是有作者的。但是，为什么说明性的文字，作者容易被忽视？这的确是个值得研究的问题。这位老师正好阐释了这篇文字带有一定的说明色彩。这篇文章读完之后，让人感觉包括大家刚才说的"身临其境""体会雾凇之美"，但是这种体验都是带有一定知识性的。读完这篇课文，我们最大的感受是，我们知道了"雾凇"是怎么回事。那么，有作者的文章，还有什么特点呢？

师22：我觉得可能是有名气的作者多一些，没名气的少一些。

师：你刚才说的，我翻了教材之后也有令人惊讶的发现。这是一种要不得的疏忽。有的可能是有意的疏忽，因为没有作者就不要付稿酬了嘛。这个，我们就不多讨论了。我们现在还是回到第二个问题上来。还有没有，大家说完了吗？

师23：刚才说课文中的名家的名字可能会多一些，可能是因为这些大家的出生年代、背景和现在不一样了，编者希望让学生多去了解那些大家，以及对那个时代的解读。

师：除了刚才回答的以外，有没有新的见解啊？

师24：我也读过一些名家写的有关景物的文章，他们总喜欢将一些个人的情感加进去，让你能读出一些个性的东西，而不会像这篇《雾凇》那样，感觉科普的味道更多些。

师：这么说很有意思，如果在这篇文章中加上"我"，想想会有什么变化？

师25：如果有作者，编者就不能随便增删；没有作者，就可以随便增删。

师：这是一个很值得思考的问题！就是说对别人著作的尊重，要从我们的小学课堂开始做起。

师26：据我了解，其实雾凇不仅吉林有，在新疆等很多地方都有。

师：你这个回答太让我期待了。为什么？因为读这篇文章给我们的感觉是，只是吉林这个地方有雾凇。

师26：我想说的是，可能是吉林的旅游局，或是其他什么单位，想要向外推广这个旅游景点。而且，"雾凇"这个词好像原先是没有的，就叫"树挂"，但是人们觉得不美，像松树上有个这么美的东西，就给它加两点，成了"凇"，这样叫作"雾凇"就好听多了。所以，这篇文章似乎就是为了吸引人们来而写的，类似于广告。

师：这么一分析就好玩了。我们可以对这个"凇"字作一回考古学的研究：这个字到底原来有没有，怎么来的，出于什么目的来的？此其一。其二，真要查一查这篇文章是谁写的。这一点很重要。如果是吉林省的旅游部门写的，那它是怎么进入这个教材的？这可能会让我们产生一些怀疑。这么一分析，我们再来看这篇文章，有没有什么不同的感觉？

师27：文章似乎就没有原来那么美了。

师：哈哈……为什么没有这么美？

师28：这么一分析，写这篇文章的初衷就没这么纯了。

师：很有意思。现在大家回过来想，发现有很多东西，我们原本并没有想透，没有想清楚。这也是这一两年我到学校里去听课的一个感触：凡是没有作者的文章，都有麻烦。另一方面，凡是文章中没有"我"的，往往都会模糊。也就是说，在写有"我眼中"的自然跟没有"我"在场的自然，是有区别的。在词汇上，在视角上，在细致的程度上，是有很大差异的。现在，我还要问一问：如果这篇文章有"我"之后，最重要的变化在哪里？

师29：我想，主要是会多些"我"的感受吧。

师：会不会有一个特定的时间？

师29：一定会有的。我想，加了这个"我"之后，文章中就一定会有很多作者心理和情感上的描写，这是最大的区别。

师：加上"我"之后，就会加上时间，即什么时候去看、为什么要去看、我期待的是什么、我可能担忧的是什么……这些都很可能带进来。其实，也就是把一个人的生命带进来了。比如你和你的同桌去看雾凇，因为雾凇出现的时间很有限，我就可以作个简单分析：假设你的心理承受能力不如同桌，你就不想去，但你的同桌可能会说："哪怕我没有看到，但是我带着一个侥幸的心理，带着一个期待的心理，我也带着一种最终看不到的'缺憾美'的心理去看。"也就说，我们把一个人的生命就渐渐带进来了。

生命一带进来，我们的视角就不一样了。在这篇文章中，你知道作者是在哪里看雾凇的吗？显然不能。作者是站在一个宏观的、全知的、无"我"的视角下看的。而我们，却可以在高处看、在低处看、在树里面看，这是不一样的。比如一个美人，我们可以看看她的睫毛美不美，看看肤色美不美，看看身材美不美。如果这样看下来，一个美人就不会那么美了。（众笑）刚才我们说，这篇文章很美，但是仔细推敲一下就知道，这是一种"笼统"的美，而不是一种"我"发现的、独特的雾凇之美。

所以这个体验比较有意思，就好像上课的时候老师叫学生用一个字来概括，学生说"美"！哈哈，大家听到这里都笑起来了。其实，我倒建议不要用一个字，因为一个字无法概括出某一个特定的、独特的、有具体对象感的事物来，概括不出来的。这样等于没有概括。我们实验小学要用一个字来概括，能概括什么？只能说——"美"（坐在后排的小学生齐声喊，现场热烈）。此美非彼美，彼美亦非此美。所以，我们实际上最重要的是要让孩子们到具体的文本中作具体的分析。刚才我们都是带着学生的心情来看这篇课文的，是吧？这样说来，如果我们要上这节课，面对的还是四年级的小学生，你会怎么上？

师30：我想我可能像个导游似的，牵着大家走。

师：这位老师想当导游，就差考个导游证了。（众人笑）

师31：我会去找一些图片，让学生去描述，让学生去总结。

师：这是先学后教，让学生去观察、去体会，最后老师来帮助归纳。

师32：我来上的话，会接受张老师的建议，在文章中加上"我"，让学生体会有了"我"的感受和视角之后会是一种怎样的体验。

师：就是要让这个画面生动起来，由平面的变成多维的，也就是让学生在一种灵动的文本中去学习。

师33：我是教美术的，我希望学生在学习这篇课文时，能够结合自己的感受，用图画的形式"画"出来。

师：很有意思啊！哪个语文老师愿意和这位美术老师进行一次合作，上一篇课文啊？（笑）我们音乐老师也在场，我们数学老师也再来计算一下，计算一下雾凇形成时的一些数据。哎，很有意思啊！我们还可以添加，哪位语文老师再来说一下？

师34：我是英语老师，我刚才也在思考文章的作者问题。我想，有些文章没有作者，可能是由于某些有作者署名的文章太难了，于是编者将重新选择的内容进行了编排。因为现在英语教的是一些比较简单的内容，那么语文可能在低年级也是安排一些简单的文章。对于有作者的文章，可以带领孩子进行拓展阅读，丰富课堂的内容。

师：就是提供更为丰富的文本，有的是没有作者的，像这种说明文、导游的简介性文字。然后我们的英语老师还说介绍一些有作者署名的，让孩子进入一个更丰富的世界。当然，课本中一定也会有。这又提供了一个视角。

师35：我可能会紧紧抓住"奇观"这个词语展开教学。抓住它，让学生来读第1和第3自然段，用文字给学生展现一幅雾凇的画面，其中有雾凇的颜色美、形态美等。然后引导学生思考这种美是如何产生的，带领他们去读第2自然段，将文章的科学性和文学性结合起来进行处理。

师：这位同学说得很对，这原本是一篇说明性的文字，为什么还很吸引大家？因为它把科学性和文学性结合得比较紧密。所以，她就想以"奇观"为导入口，引领孩子去理解科学性，去感受和体验文学性。其实，我让大家来思考你是怎样来教学的，实际是想呈现一种多样性。当然，这种多样性还包括了我们作为老师的视角，以及作为学生的视角。如果从学生的视角，我们就要想到"以学定教"，可能就会有不同的方式。

我还希望——刚才有老师提到了——就是提供不同的文本。比如这篇课文，我们不仅可以谈谈吉林的雾凇，还可以谈新疆的及其他地区的。我们要尽量让孩子去体会不同的文本。就是说，同样一种类型的自然景观，可以用不同的方式来表达，让孩子获得一个"如果由我来写，我该怎么写"的意识。实际上，也就是要有写作者的主体意识。这是我们今天讨论的第二个问题。

刚才我们说的是，如果你是一个教学者，该如何去教？其实还有第三个问题。我们在课堂上还有一个身份——我们本身也是提问者。今天上完课，学生可能会想，今天老师什么地方上得比较好，而什么地方需要改进。比如，我们很多老师有种倾向，就是非得把这个文字分析得很具体，分析到这个字、这个词，有时候是问题。有人说，字不离词，词不离句，句不离段，段不离篇，其实整体性的把握是很重要的。我们首先得让孩子整体性地去把握每篇文章的长处所在、独特所在，培养他们对整体的判断能力，这很重要。比如我们学完两篇课文，这两篇课文也确实有高下之分，那我们就要让孩子说，哪篇更好，好在哪里，而不是分析得很细致，让孩子失去了对文章优劣的辨别。

我还想到，实际上，任何一个教师都应该有自己的绝活。一个没有自己绝活的老师，绝不是一个好老师。比如，从朗读上来说，你可以读得抑扬顿挫；从课堂风格来说，你上课很从容、很大气；或者你在课堂上非常善于调节，能够给每个孩子以适当而及时的评价。这些都是绝活。每个优秀的老师，只要你去观察，就总可以看到他不一样的地方，比如说他对文本的解读能力、对课堂的设计能力、对课堂的整体把握能力以及调控、引导能力。

其实，做一个小学老师，无论教哪一学科，能够从容、舒缓、自如、流畅、富有激情地教学，都是我们应该具备的基本素养。还有一个基本素养，就是你怎么去说话，怎么把一句话说得人家觉得爱听，并且很期待你说话。课堂上敏锐地观察、快速地判断、有效进行的引导，是教师必备的基本能力。

所以，一位教师上完一堂课，我们要对他作分析，真的可以从很多视角进行。进行细致的分析往往跟教师的专业能力有关，我们必须站在专业素养的角度上来对教师作出评价。也就是说，你这个教学是别人所不能代替的，这里就有你这个学科独特的教学要求、专业要求，那这个老师就不可或缺了。

今天，我们对《雾凇》一文作了多方位的分析，我的目的也是希望大家用不同的方式来理解这篇课文，用不同的身份来参与教学，最后，用自己的一种新的教育立场来对课堂作出评价。

谢谢坐在这里的各位"同学"！（热烈的掌声响起）

教 后 评 析

课堂之境里的生命力场

——《雾凇》课堂实录之阅读随笔

拿到这份课堂实录的时候，正是一个午后，斜阳煦暖，微风轻拂，远处的香樟树荫下，一只猫儿正在阳光里，眯眼休憩；操场的草坪已经变得枯黄，间或有一些地方露出泥土的本色，大概是孩子们光顾的最多区域，这似乎符合自然的选择原则；更远处西塘边苇丛已无绿意，但依然倔强地集合在那里，犹如无数的矛在风里猎猎作响……这些细微的景象恰恰是我在读这篇实录时的场景，之后把目光从远处收回，静静地花了两个小时读完这篇长篇实录，犹如看一出话剧的剧本，只是这部"话剧"并无预设和排练，是一个生命在场即时生成的美好境界，多么好啊！

一

对于语文课堂教学，自己是隔了行的，所以接下来的所有表述都不会是语文专业层面的理解，仅仅是一些零散的个人感悟。如果期待有何专业见解的读者，大概可以就此翻过此页，只去欣赏张老师的课堂实录就可以了。

为什么在之前我要花些笔墨写读到此文时的目之所见？每一个读者在读到一篇文字的时候并不是孤立的，

他的目光必然是从另一件事物上转移到此，而这篇文字一定有理由吸引我持续读下去，会让我的目光从一个场景移入另一个境界，这样的转换通常有许多因素，有时甚至是神秘的、不可知的。而课堂实录对我的吸引在某种程度上恰恰与此类似，从课堂之外，融入课堂之境，并非在于上课铃声的界限，而在于学生认同课堂的一瞬间起。

师：现在，我想问下老师们，你们估计我会怎么上这堂课呢？（将话筒递给一位老师）

师1：我觉得张老师会和我们聊天，聊着聊着，就将整堂课上完了。但具体怎么上，我还说不出来。

师2：可能会带着问题上。

很简练清晰的开场，如果是我在场做学生，一定也会想，接下来会是怎样的课堂呢？张老师会如何开始他的课堂呢？更重要的是，这个问题是具有儿童立场的，每一个回答都会反映出一个孩子的课堂愿望。如果有时间给其他孩子，一定还会有他们各自认同的方式，执教者倾听，并且悦纳孩子们的建议，这会使整个课堂的开端变得极为温暖，这一瞬间便已经进入课堂之境了。

有时候，一个充满人性的场景，一个恰当的问题，一个温和的眼神，一个有力的动作……一切带有生命关怀的课堂细节都可以开启在场者的课堂之境，因为，你在，我在，生命在场，就足以具备开启课堂的力量。有许多课堂之所以显得生涩而艰辛，往往是从开始到结

束，许多生命从未进入课堂之境，游离于外，这样岂能得真味？

二

如果说进入课堂之境有赖于起始阶段的吸引，而在课堂之境里行进更需要信赖生命彼此"自组织"的力量。谢谢实录的整理者，给我们呈现了完整而不加雕琢的过程。

在这段课堂历程里，我已经感受到彼此对话的细节呈现出生命本身"自组织"力量的强大。透过对雾凇之"美""奇特"的充分表达，我们会清晰地发现"自组织"力量确实存在。当课堂中出现思维上的干扰、问题、混乱时，"自组织"力量开始显现，这种力量并不是教育的直接结果，而是一种生命本能。在不平衡的状态下寻求出路，每一个生命都具有这种能力，请注意，我们在这里使用的是一个绝对的词汇"每一个生命"，只要他感受到了干扰、问题、混乱的存在，那么他都会思考如何去寻求解决的方案。

如果说语文课堂对学生的这种思维"自组织"力量有什么贡献的话，那就是"不要扼杀"。行文于此，无端想起"雪化了，春天到了"的那个故事，大概算是一个反例。张老师在这个过程里，更多的是倾听学生表述，充满着对这种"自组织"力量的信任。一个让孩子们的"自组织"力量得到恰当发展的语文课堂，其教师必然不是专制型的控制者。他应该适时地制造冲突、干扰，甚至引起混乱，带来很多有形无形的问题。传统意义上的严格的程序、缜密的方法、精确的结论都将被抛弃，教师的权威架构失去了支撑。在这种近乎颠覆性的关系阐述中，教师已经可以明确不要求孩子们接受外在的"权威"，而是让孩子们与教师共同经历正在发生的课堂境界，在这个情境中表达自己的理解，提出自己的质疑，各自获得程度不同的发展。生命立场的互相影响或许就是如此在无形之中发生，如窗外的清风、阳光、浮云及远处的苇丛一样，柔和地介入。

三

实录中，师15回答结束，张老师说："我这里有两个问题。第一个问题是，这篇课文为什么没有作者？第二个是，有作者的课文和没作者的课文有什么不一样？"

面对这两个问题，我也在脑海里想着怎样回答，这两个问题显然已经跃出了单纯小学语文课堂教学的层面。当我将问题问及一些语文老师，征询他们的答案时，通常得到的回答是过去从来没有思考过这个问题，因为习惯于接受文本的确定性，而不会去想除了教参之外其他的问题，更不会作比较，探究作者的价值究竟是什么。从实录中各位老师的回答来看，大家对这两个问题的回答也是开放的、多元的。或许，这个过程恰恰说明阐释学中的一个观点，也即"存在的历史性决定了理解的历史性"。每一个接受问题的生命个体面对同样的文本和语境，都不是用空白的头脑在被动地接受，而是用活动的意识去积极地参与建构，任何关于这两个问题的回答都以生命个体先有的意识为基础。这正是语文课堂的魅力所在，只是日常的课堂经常追求效率和答案的统一性，往往忽视了我们面对开放问题的生命理解力，这应该是当下一个莫大的问题。

一个真实美好的课堂之境，应该不是确定无疑的线性状态，在这样的课堂里面，与文本有关的任何问题都可以提出，目标的生成与达成将随着课堂的互动而随时进行着，一切事先预定、写在文本上的课堂教学目标只能作为参考。在这个过程中，因为教师不再是强制的执行者，而是课堂情境的参与者，他可以提出问题，但不作出"权威的界定"，学生的思维会非常兴奋，他们感到老师不再"确定"告知知识"在那里"，而是需要每一个人努力去探索、寻找。理想的课堂之境里，一个孩子就有一个目标，教师的存在只是帮助每一个孩子去完成他可能达到的目标，这或许属于课堂"乌托邦"了，但并不是虚幻之境，张老师的课堂给我们做出了积极的示范。

四

我不知道自己在阅读这个文本的过程里所产生的理解是否已经偏离了对课堂的评价，这样的担心更多地来自于作为一个语文门外汉的专业匮乏。为了弥补这样的缺失，我让与教育无关的朋友读完这个实录文本，让他们纯主观地叙述自己的感悟，他们的观点或许更为直觉和客观。现简录一些观点："这样的课堂很舒服，不觉得有压力，如喝茶、聊天沙龙。""有批判意识，尤其讨论作者署名与否一段颇有深度，值得深思。""对雾凇也了解了，原来真不知道哩！""这里的学生都是成年人么？如果是孩子，不知道会是怎样的场景？"……

读完张老师在课堂结束时的感悟，忽然有一个想法跳出来，如同雾凇形成的诸多条件一样，一种好的课堂之境的形成也需有必要的因素，而孩子、文本、教师的生命立场是一个基础。其中，教师生命意识的完备，造就了课堂之境的舒展、从容、大气，一切讨论都始发于此。

写到这里，窗外的阳光已经沿着西斜的轨道移到书架之上，明暗的分界清晰呈现，一半是阳光灿烂，一半是深沉阴影；一只雀儿停在对面楼上的檐下，左右灵活地转动它的脑袋；刚刚已经敲过了下课的铃声，孩子们正在楼前的空场上欢快地跳跃奔跑，享受着午后欢乐的时光；远处的香樟荫下的猫已经不见了，大概已经归家；更远处的苇丛依然如矛一样地挺立着……它们是否知道，此刻也是一个很美好的境界？

（陈春）

课 文 附 录

雾 凇

三九严寒，大地冰封。松花江畔的十里长堤上，洁白晶莹的霜花缀满了枝头，在阳光照耀下，银光闪烁，美丽动人。这就是闻名全国的吉林雾凇奇观。

雾凇，俗称树挂，是在严寒季节里，空气中过于饱和的水汽遇冷凝结而成。从当年 12 月至第二年 2 月间，松花江上游丰满水库里的水从发电站排出时，水温在 4 摄氏度左右。这样，松花江流经市区的时候，非但不结冰，而且江面上总是弥漫着阵阵雾气。每当夜幕降临，气温下降到零下 30 摄氏度左右时，这雾气便随风飘荡，涌向两岸，笼罩着十里长堤。树木被雾气淹没了。渐渐地，灯光、树影模糊了。这蒸腾的雾气，慢慢地，轻轻地，一层又一层地给松针、柳枝镀上了白银。最初像银线，逐渐变成银条，最后十里长堤上全都是银松雪柳了。

清早，寒风吹拂，雾气缭绕。人们漫步在松花江边，观赏着这千姿百态的琼枝玉树，便会情不自禁地赞叹：这真是"忽如一夜春风来，千树万树梨花开"呀！

基文本之真，求人性之美

—— 张文质哈尔滨"慢课堂·慢教育"公开课实录

背 景 说 明

2012 年初，生命化教育课题组和哈尔滨香坊区教师进修学校合作举办"慢课堂·慢教育"教学研讨会，全国各地几十位生命化教育研究者也北上与会。1 月 4 日，哈尔滨市香安小学语文教师宋月娥执教了《一面五星红旗》一课，我承接上去，邀请在座的老师一起来当学生，是有此课。

课 堂 实 录

张文质：大家一直都在好奇，我究竟会怎么上课，其实我也一直在想着该怎么上课。当今天上午拿到课题，我看到宋月娥老师上《一面五星红旗》，也在不断地思考。那我今天想邀请 20 位老师——愿意的话，现

在就上来——做我的学生。（过了一阵）愿意的话，都可以上来，我这里没有"陷阱"，很"安全"。（笑）

（等众人坐定）我们今天上的还是刚才那篇课文——《一面五星红旗》。请大家先把文章看一下，有没有什么字不会读？（笑）其实，我觉得还是有一些字比较难读的，虽然刚才宋老师已经教了一遍，但可能还有些"同学"对读音不是很清楚。有哪位"同学"愿意先给大家"范读"一下？……我想请王艳芳老师，王"同学"是在音乐方面有特长的"学生"。

（王老师开始通读全文，结束后全场掌声响起）

张文质：读得相当的豪迈，充满了感情。在这么短的时间里，能够把这样一篇文章读得没有错字，停顿准确，节奏流畅，再次掌声鼓励一下！（掌声）下面就有些难度了，有没有谁将这篇文章复述一下？准备好的"同学"请举手。好，请这位"同学"来！

"同学"A：在国外读书的第一个假日，我决定做一次漂流活动。我事先准备了背包，并带着一面五星红旗上路了。漂流时，我意外遇到急流，自己落水，小筏被掀翻，背包丢失了，国旗也掉在水里了。等漂到岸上时，我已经饥肠辘辘，便走进一家面包店，想填饱肚子。因为钱包已经丢失，于是我想用新大衣和老板换面包，但人家却看中了我的五星红旗。由于五星红旗对我来说太重要，我宁愿饿着肚子也不会拿它去交换，就摇摇晃晃地走出小店，但由于体力不支而晕倒过去。小店的老板似乎被我的行为感动了，不但送我到医院，还准备了花瓶，在鲜花簇拥中，花瓶中间插着的正是我的那面五星红旗。

张文质：好，大家觉得复述得怎样？（掌声）我还想请这位"同学"说一下，刚才你在复述时，刻意注意了哪些关键词？

"同学"A：我刚才注意到"漂流""狼狈""一件外衣""一面五星红旗""交换"以及最终老板被作者的行为"感动"等。

张文质：也就是说，你在复述时，注意到整个事件的发展过程、最后的结果，尤其是中间的矛盾和冲突。请大家关注一下，在这位"同学"复述时，有没有什么东西被遗漏了？

"同学"B：她说错了一个地方，国旗并不是掉在水里了，而是系在作者的脖子上被浸湿了。

张文质：好，这是一处错误。还有吗？

"同学"C：作者并不是落水之后遇到小店老板，而是"三天之后"。

张文质：对，漏掉了这个时间点。当作者落到水里马上爬上岸就遇到小店老板，和迷路三天之后才来到小镇见到这位老板，可能故事发展的情节就不同了。刚才我们通过阅读、复述和纠正，相信大家已经加深了对这篇课文的理解。那你现在有什么感受呢？最直接的感受。

王艳芳：我觉得这个留学生不尊重自己的生命。如果你没有自己的生命了，你怎么去热爱这个国家？我对这篇文章存在这个异议。我听说在伊拉克的美国士兵口袋里都有一张纸条，上面写着"如果不幸被俘，你一定要尊重我作为俘虏的权利"。

张文质：就是要把对生命的尊重放在任何价值之上。

王艳芳：对。

张文质：对于王艳芳"同学"的观点，谢云"同学"要做点补充。

谢云：我觉得这是一个很奇怪的文本。第一是细节，作者为了行动方便，也为了防丢失，就将国旗从旗杆上扯下来系在脖子上。那为什么一定要系在脖子上？第二是老板要求用国旗去换面包，这个留学生为什么不换？我认为这里有作者恶意的猜测和敌意在里面，比如，老板拿了国旗会不会丢到马桶里以示羞辱。最后是老板的态度转变比较奇怪。

"同学"D：且不论这篇文章是适合中学生还是小学生，就这篇文章本身而言，张老师的问题是对这篇文章有什么想法。我会说我对中国留学生的这种执着很崇敬。对一个小学生来说，他没有对课文的评价能力，他只能谈出他的感觉，所以他会油然生出对国旗的崇敬和对作者执着精神的尊敬。我只是从文本来谈，不对文章进行评判。

张文质：那么这里作为文本来说，还有一个问题。我现在讲的问题是，你们作为学生的时候看到这个文本，是带着自己的阅读经验跟自己的价值观的。我们现在先不回到宋月娥老师的课堂，先从我们这个课堂来谈这一问题。

"同学"E：我觉得这个留学生思维比较单一和僵化。为什么这样说呢？因为当老板想和他交换五星红旗的时候，他一口回绝，却没有问问人家拿来做什么。如果人家仅仅是用来纪念，甚至都可以送给他的。

张文质：哦，思维比较单一，实际上都没有学过经济学。（笑）

"同学"F：我觉得可以把这篇文章值得质疑的细节转化成孩子发挥的空间。比如说，他一个人去旅行，可以让大家来讨论这样做正确与否；或者拿他宁愿自己挨饿也不愿意用红旗去交换面包这件事情来讨论。如果大家一味地去质疑这篇文章的话，老师就不用讲了，直接跳过去好了。所以我觉得不要把它当成是误导，而把它当成给孩子自由发挥空间的材料好了。

张文质：哦，就是从教学的角度，让孩子自己去发现，比如说去旅行的时候，特别是做"漂流"这样充满着危险，需要有经验、能力技术和风险意识的事情的时候，他应该事前准备一下。

"同学"F：这样就把安全教育，或者说把大家总是认为矛盾的生活与爱国主义精神统一起来。

张文质：可能要把安全教育放在爱国主义之前来思考。

彭峰：张老师，我想问一个问题。您在给我们上什么课？（笑）是语文课，还是生命教育课，或者是其他的什么课？

张文质：一节好的语文课，它必是生命教育课。

彭峰：这个我绝对支持和赞成。

张文质：语文课有多种上法。你上字词句，是一种上课方式；课堂上进行朗读、背诵、复述、概括，是一种上法；对文本进行独立的解读，也是一种上法。

彭峰：对语文的理解，张老师给了我们一个系统的思考。谢谢！

张文质：作为老师，就喜欢这样的学生，就是老师喜欢什么，他就给你"托"什么。（掌声、笑声）好学生！我跟这位学生相当于孔子跟颜回的关系。颜回，我们班上的颜回。有什么问题？

"同学"G：张老师，我还有一个问题，如果这节课文摆在教师面前，我们应该怎么上？

张文质：这个是我们关心的。今天宋老师已经呈现了一种上法；刚才这位女同学，非常聪明的女同学，提出另外一种上法；还有一位更聪明的女同学，她从安全教育的视角重新来解读、来理解、来阐述这节课。现在还有没有更有智慧的同学提出这节课应该怎么上？因为这篇课文是你非上不可的，你要怎么上？我请班上一直在思考的陈文芳"同学"来谈谈。

陈文芳：因为我过去看过一些写作方面的东西，我关注这篇文章到底是怎么写出来的。比如"白毛女"这个文本，当初只是当地民间传说中的人物，然后通过不断的变迁，被改为一篇富有革命性的文本。就像这篇文章：我有一次去风景比较好的地方旅行，自己去漂流，然后一不小心竹筏翻掉了，后来非常艰难地顺流而下，在水面上一直待了两三天，接着碰到一个比较冷漠的老板。由于当时我已饿坏了，就以一种比较坏的心情去揣测他，而这个老板却比较友善地招待了我。

张文质：你还没有回答我的问题呢，要是你来上，你怎么上？

陈文芳：要是我上课，我先通过一个我自己熟悉的文本变迁的例子，分析一些可疑的因素，包括对国旗的感情、比较宏大的情感描述，以及可不可能有另一种不一样的写作方式。

张文质：文芳是想从写作的视角重新来审视这个文本。也就是说，哪些情节可能是不真实的，哪些词汇可能是不太恰当的，哪些情感不可能发生，这是在进行文本还原，朝着真实的人情、真实的社会形态重新进行一种还原，帮助学生从某种意义上形成对文本的解构，就是回到真实、回到人性、回到人的一种比较普遍的情感，来理解如果发生这样的事件，他会用一种什么样的写作方式或者表达方式。这是文芳同学的意见。彭峰同学，你接着说。

彭峰：张老师，如果我来上这篇课文，我想开头的结构跟您刚才讲的类似，先是读一读，然后是简单复述，要求不是很高。如果放在三、四年级，能简单地说清起因、经过、结果就行了，然后分析人物。有两个人物，一个是中国留学生，一个是外国老板。

张文质：两个人物，还有两个很重要的道具，一个是面包，一个是五星红旗。

彭峰：对，然后写在黑板上，让学生讨论：你喜欢其中哪一个，或者你讨厌其中哪一个？讨论完之后形成一个共同的认识。接下来我要做的是，要以一两篇跟这个爱国主题类似的文章作对比，看看有没有更好的爱国形式和方法。由这个文本到另外一两个文本，在这个过程当中有质疑，有自己的思考，还有我们正确的导向。

张文质：其实我们现在很强调"主题阅读"，就是帮助学生形成多元理解，而且养成一个良好的阅读习惯。无论你看到什么样的文本，你都会寻找到相似的、相反的或者相关的文本，进行一种交叉阅读。实际上交叉阅读也是相互佐证的，这个相互佐证的目的是让我们的学生形成一种更为恰当、更为真实的理解力。彭峰同学提出的这个建议很好。

谢云：刚才这位同学说了"如果是指定的参赛课，该怎么上"的问题，我倒想讲一个故事。柏林墙倒塌的前一年，有一个东德士兵枪杀一个翻墙到西德去的国民。在墙倒之后，就举行了公审，审判这个士兵，法官判定他有罪。辩护律师就说，当时他在执行命令，他必须开枪。那位法官当时说了一句话，他说："你必须开枪，但是你可以将枪口向上移动一厘米。"

真要上这一节课，每一个老师面对文本时都会有自己的基本理解，不一定要看教参或其他什么参考资料。对这一文本的理解，不要让那些东西首先占据了自己的脑袋。语文教师在备课的时候，尤其是第一次备课时，应该是"赤身裸体"地备课，就是说毫无依托，直接面对文本。每一个教师个体对文本都会有一个不同的理解，比如说这篇文章的重点是什么，可能张老师有这样的想法，李老师有那样的想法。

张文质：谢云"同学"语言很丰富，情感很独特，特别是他提出了一个"一厘米的主权"，这是对老师的一个非常好的建议。其实，每一个在台上的老师都有"一厘米的主权"。文本都有一个多重视角解读的可能性，无论是什么样的文本，都像一个例子一样。那么我们就应该想想，文章是人写出来的，而人都是有缺陷的。我们不要把所有的文章都当成圣旨，哪怕它表达的是我们最崇敬的爱国主义感情。爱国主义感情没问题，但表达的方式有问题了，或者说论证爱国主义的那个事例可能有问题，就会影响学生的认知。我们需要跟孩子去直面这个文本，也就是给孩子足够的去解读这个文本的时间和空间。

我经常会这样想，我们先不带着过多的成见，先来说说你读了这篇课文以后，第一个感觉是什么？你觉得它好，好在哪里？觉得它不足，不足在哪儿？你有什么建议？比如说改造、改写。其实，每个孩子都可能会发出不一样的声音。在这个问题上还有没有不同的意见？

"同学"H：张老师，面对三年级的孩子，你问他文本好在哪里、不好在哪里，还有一些困难。但是你可以问他能读懂什么、还有什么读不懂的，在这个基础上我们还需要让他读懂什么，然后是价值观取向问题。这个中国留学生的"拒绝"是不是解决问题的唯一办法？是不是只有"拒绝"才能体现他的爱国情感呢？在了解、感知、认识的基础上再抛出这个问题，应该才是符合课堂实际的。

张文质：这位同学强调需要先问孩子读懂了什么。其实在所有语文课堂上老师也在做这种尝试。但我还是要强调一下，我们还是可以让孩子说说喜欢什么、不喜欢什么，以及有哪些问题。

记得前年我在河南中原油田南阳那地方，先是听了一年级的课《丑小鸭》。课后当地教育中心主任就跟我说："张老师，还是你接着给这些孩子上这节课。"那我也是问这些学生："这个《丑小鸭》课文里面，你喜欢什么？你不喜欢什么？你有哪些问题？"我觉得从结构上说，我们教师一定要给孩子留一些空间，就是"我"有什么问题，这个问题就包含着"我"喜欢什么、不喜欢什么、读懂了什么、未读懂什么，老师这节课讲下来帮助"我"解决了什么问题，"我"还有哪些问题。因为前面那一节课上下来基本上没有问题，我接下来问孩子们："你们有什么问题？"孩子的问题可多了！比如说，丑小鸭的蛋到底是从哪里来的？是天鹅生在鸭子窝里面的吗？天鹅怎么会到鸭子窝里呢？丑小鸭是怎样发现自己变成白天鹅的？文章里说，是水的倒影映出了它美丽的身姿，这之前，丑小鸭对天鹅的认识是从哪里来的呢？等等，一大堆问题。最后，我是这样对孩子们还原的：有的问题，当我们提出来的时候是因为没有读懂文章，所以我们要到文章里面去找；有的问题是我们经验不够，那么可以向老师请教；还有一些问题，是作者交代不明确，因为安徒生从来也没有说这个蛋是从哪里来的。你就是去找安徒生，安徒生会说："我让它生在鸭子窝里，它就生在鸭子窝里。"（笑）所以你需要用自己的想象力去改造这个文本。那天，我还发现一个小小的问题，就是在河南省——已经没有什么"清澈"的河流了，所以天鹅即使会上天，也不会从小溪里看出自己的倒影来。它飞了很久也以为自己是只鸭子，这是我们遗憾的。后来很多老师从中得出教育的一个理念：就是要做一条"清澈"的小溪，才能映照出"美丽"的生命；我们的心灵不能浑浊，我们的心灵浑浊了，孩子美丽的身姿就无法从我们的心灵里映照出来。

从另外一个意义上也可以说，作为一个教师，还是应该有自己解读文本的能力，还需要有个人基本的价值观。我这里说的价值观不是在课堂上灌输给学生的一些想法，而是你有了这样一种基本价值观，你就知道了这节课应该怎么上。比如说，有了对文本的这种质疑，你就不会简单地认同文本，你很可能在课堂上就会用更多的时间让学生说说这个文本缺乏哪些东西、好的东西在哪里。那这样可能就促进学生形成一个比较良好的文化意识，就是经常想到：我问一问，我审一审，我参照一下，我比较一下。

其实，从另外的角度看，我们撇开刚才对某些价值观的疑问，撇开这些，就是从生活形态上来说，这个文本也有比较可疑的地方。比如说，中国留学生到国外，所有的留学生都买了人身保险，不买人身保险是不可能入学的。这就像护照一样，没有护照你是去不了这些国家的，所以不存在那个老板给你垫付，它直接免费，因为保险里面都付了。同时，现在电话是很便捷的，这个故事不可能发生在 19 世纪 70 年代，不可能发生在 19 世纪 80 年代，那个时候留学生也不可能独自离开大学去做漂流这个事情。那么这个事情应发生在 19 世纪 90 年代以后，此时电话很便捷。而且既然是这么一条可以漂流的河流，我相信也不会只有这么一个人在漂流，也应该有相关的安全措施。我到澳大利亚海滩的时候，海滩上的安全防护系统是 24 小时工作的，即使夜里没游客的时候也都有工作人员值班，一旦出现问题，值班人员马上发出一个预警警报，然后海岸消防人员就守在那里，有风险的时候绝对不允许任何一个人进入这个海滩。所以，从生活常识来说，这个文章也会有一些问题。时间关系，我们不再展开了，现在请宋老师作最后的总结。

宋月娥：不是总结，只是跟大家交流。刚才各位老师从成人角度分析了这篇文章，对文本进行了解读，这也是至关重要的。刚才我看了各位，跟我一样作为小学老师的，很少很少。那么作为小学老师，我们教的就是这篇课文，我们应该怎么做？这堂课我们期望学生得到什么？

我觉得无非就是这几个方面：一是让学生对字词句有所掌握，二是对文章的主旨有所领会，三是对作者的写作方法能有所了解。我设计这篇课文的时候，就是从这样几个方面考虑的。比如说，"字词"这方面，通过自己的理解来进行掌握；"得法"这一方面，作者在写作过程当中没有让这个中国留学生说什么，也没有什么豪言壮语，就是通过一些细节来体现他对五星红旗的热爱的。

语文课堂是工具性与人文性的统一，刚才我说的基本上都是工具性的。人文性，刚才大家讨论得特别多，我也特别感兴趣。其实，拿到这样一篇文章，从成人角度来讲，它有很多值得质疑的地方，但有些地方我们能够通过正常的理解把它解释清楚。比如说，这个老板为什么不要大衣？因为他不需要，它已经掉到河里了，即使是新大衣，对面包店老板来说也是没有什么用的，他不换是正常的。这个我觉得没有什么可质疑的。再一个，他只是对国旗好奇，不知道它是什么，与其说他是一种恶意，不如说是一种冷漠，他觉得"这件事跟我没有关系，你怎么样跟我无关"，只是一种冷漠。再如，刚才大家讨论"生命价值"这一方面，的确关系到生命选择的时候，可能有多种选择。作为我们成人来讲，我们可能会迂回一些、变通一些，就像大家所想的。刚才大家说到，可能这个中国留学生有点傻，从我们的感觉可能是这样。

其实，在我们课文当中，在真实的事件当中，像董存瑞、黄继光，还有狼牙山五壮士、刘胡兰，那他们能不能变通呢？如果他们能变通，还会有今天的世界吗？还会让我们的学生在这个时候学会迂回吗？所以我觉得摆在我们老师面前的是这样一个文本：我们必须得教，它就在课文当中，哪怕它只是一个例子。

那我们怎么教？我们首先考虑一下编者的意图，然后考虑作者的写作意图，领会了这些意图之后，就要考虑我们的教学目标。我觉得在课堂上最起码应该给学生一个正确的价值导向，应该让学生感受到那些爱国情怀，曾经有这些人能够为自己的祖国、为国旗的尊严做出这样的举动。

相反，从生命的角度来说，它可能有一些变通，但我觉得这不是我们应该传授给学生的。或者，像有些老师说的，我们可能有一个主题阅读，包括怀疑文章的真实性，我觉得都可以。这可以放在第二课时来进行，和学生一起进行深度阅读，即在学生已经感受到这篇文章需要我们感受的爱国情怀之后，再质疑我们还可以怎么去变通，但是绝对不是在第一课时，因为我们面对的毕竟是三年级的孩子。（掌声）

教 后 评 析

"教学"的基本原则，就是"教人求真"

《一面五星红旗》这样的课文之所以入选教材，估计编者、教参以及参考资料的解读更多的是在"崇高的民族气节、伟大的爱国情怀"上着墨渲染。当下语文课堂，教参在课堂上被赋予至高无上的言语权威，而我们的教师奉若圣旨，不敢越雷池一步，对文本的解读能力也逐渐退化。其更突出的问题在于教参"二次"解读，实质是基于当时的背景、基于教参编写者个体的解读，强夺了文本生命本身的纯洁，禁锢了师生的思想，教师、学生也就失去了基于当下、基于自我的"阅读体验"。

《义务教育语文课程标准（2011 年版）》指出："阅读教学是学生、教师、教科书编者、文本之间的对话过程。"也就是说，理想的语文课堂生态是学生、教师、教科书编者、文本四个生命共处对话、交流、共进的生命场。一个文本形成伊始，就相应获得了与作者生命等同的生命。对文本的解读，必须拥有文本生命在场的意识。解读的过程不是复原作者写作时生命状态的过程，也不是基于教参对文本的"二次"伪解读，而是基于读者当下的文化、知识、阅历以及感悟能力，求得文本的"真"生命的体悟过程。

要求得文本的真生命，就要破除基于教参的反解读、伪解读。以此为基础的课堂必然委曲求全、歪曲求全，可能有意无意间还在教唆学生讲假话。这样的教育方式不仅误人子弟，而且祸国殃民。一些教育专家发现，现在的学生比 30 年前的学生弄虚作假的多了，说假话的多了。从这一点上看，中国庞大的教育系统不仅未培养出大师级人物，甚至连符合现代社会要求的正常人都快生产不出了。

要求得真生命，就要回归到"元"上思考，在"道"上追寻。这个"元"，这个"道"，就是文本的每一个词语，每一个句子，甚至每一个标点，这些都是文本的真生命言语，是其不断生成对话的主题、独特的体悟以及生命成长的基液。同时，文本的生命本身在对话中也获得发展，存在着一个逐步溯源、归真、解放或者颠覆的过程，而有些可能是对连作者都未曾意识到的隐形信息的激活。

在哈尔滨"慢课堂·慢教育"的教研活动上，张文质先生承宋月娥老师的《一面五星红旗》执教了同一课，所不同的是"学生"由与会的 20 余位教师客串。同课异构，其突出功能就是相形之下对文本的解读及课堂理念、思想的交流、碰撞、思辨、探讨，必然激发火花，引发"风波"。或者说张文质先生有意而为之。

再回首这堂课，我对文质君上课时给我们这些教师身份的"学生"指出的观念深有同感。比如："我们的语文很强调'主题阅读'，以求帮助学生形成多元理解力，养成良好的阅读习惯。""让我们的学生形成一种更为恰当、更为真实的理解力。""但我还是要强调一下，我们还是可以让孩子说说喜欢什么、不喜欢什么、有哪些问题。"身为语文教师，在引领学生分享文本的情感与表达经验时，就是要引领他们走进文本、走近作者，用自己的经验去判断文本的内涵与价值，用自己的体验与文本、作者对话，在对话中感受作者的意图。

《义务教育语文课程标准（2011 年版）》指出："阅读是学生个性化行为。""要尊重学生独特的感受、体验和理解。"在语文课堂上，学生基于文本，不仅可以接受、赏析，也可以质疑、批判，这样才能拥有发自内心的感悟和启迪，才能真正体会到阅读过程中那种痛快淋漓的审美的、思考的、情感的愉悦感，才会有对生命的自由面对和对人性的深层思考！这远比简单地僵守教参中所谓作品的中心思想或价值取向要有益得多。如果用虚假的材料去帮助学生建立所谓的"主流价值观"，带来的后果会是什么？我们教出来的孩子将来都是虚假的人！

对西方社会乃至人类文明都有重要影响的哲学家尼采强调，教育的真正目的是培养出有创造力的个体，这些个体能够为其生命、信仰和价值承担责任。反观中国的教育，有多少成分是围绕诚实、可信和真实而设计和努力的呢？文质君承宋老师的课之后上这堂课，说到底就是提醒我们，语文教学的过程，就是教师引领学生在生活与文本中发现真善美，学会用恰当的文字再现真善美的过程。在这堂课上，我进一步理解了这样的"教学的基本原则"，就是"教人求真"。也许，这就是文质君这堂课的意义所在。

（凌宗伟）

课 文 附 录

一面五星红旗

在国外读书的第一个假日，我决定做一次漂流旅行。收拾好背包，我把它系在筏子上，手举一面鲜艳的五星红旗，便出发了。

筏子顺流而下，到了傍晚，河面变窄了。为了防止丢失，也为了行动方便，我把国旗从旗杆上抽下来，系在脖子上。

不久，筏子漂到了水势最急的一段河面，周围一片漆黑，我想大声呼喊，给自己壮胆鼓劲。还没等喊出口，只觉眼前一黑，便落入激流之中。醒来的时候，发现自己被一块巨石挡住了，头和身子被撞伤了好几处，筏子和背包都无影无踪。我迷路了，在荒无人烟的大山里转来转去。直到第三天中午，我才来到一座小镇，走进一家面包店。

我向老板说明了自己的处境。老板听懂了我的话，却把双手一摊，表示一脸的无奈，说："我讲究平等交易，我给你面包，你能给我什么呢？"

此时我身无分文，只好脱下新买的大衣。老板接过去看了看，耸了耸鼻子，还给了我。

突然，老板眼里闪出亮光，他用手指着我脖子上的五星红旗，惊奇地问："那是什么？"

我犹豫了一下，把国旗慢慢解下来，再展开。这面做工精致的五星红旗，经过河水的冲洗，依然是那么鲜艳。

老板拍了拍我的肩膀，告诉我可以用这面旗子换面包。

我愣了一下，然后久久地凝视着手中的五星红旗。老板转身拿起一块面包，见我没有反应，以为我嫌少，又拿起两块面包递给我。

"可以吗？交换吧。"老板冲着我打手势。我摇摇头，吃力地穿上大衣，拿着鲜艳的国旗，趔趔趄趄地向外走去。突然，我摔倒在地上，就什么也不知道了。

我醒来的时候，发现自己躺在医院的病房里，身边站着的就是面包店的老板。他见我醒来，冲我竖起大拇指，说："安心养一养，费用由我来付。"

这时我才发现，在我床头的花瓶里，有一束美丽、芬芳的鲜花，花丛中插着那面心爱的五星红旗。

人生就如马拉松

——与二甲中学高一（3）班学生的对话

2009 年 3 月，我到江苏省南通市通州二甲中学进行讲学。当天，我在听了学校凌宗伟校长给 2008 级高一（3）班学生上的一节课后，稍作休息，接着与学生开展了一次对话。

课 堂 实 录

一、生命的相遇本身就很值得期待

师：休息好了吗？

生：好了！

师：今天看到大家特别高兴！（微笑巡视）我看到过很多的校服，包括我女儿的校服，都没有你们这个好看。（生笑）这个校服非常棒，颜色搭配得很好，虽然你们可能不一定跟我看法一样，但是我觉得还是挺好看的。白色跟下面的蓝色搭配得不错，如果说有不好看的地方，就是领子不够洋气。我相信男生肯定喜欢立领，是吧！

生：是的。

师：或者领子小、短一点。（摸自己的领子）那个领子啊，不要翻得那么厉害。你看，有些男生、女生还把里面很漂亮的领子翻出来。（生笑）其实我看了很多，包括我老家福州那边啊，那个校服很难看。然后呢，没有一个同学把校服拉上去，为什么？因为里面的好看。（师生笑）所以他都不舍得拉上去，我看你们好像都拉上去了，这，有规定吗？

生：没有！

师：那就说明，大家对校服还是比较喜欢的，我也喜欢。我刚才说校服好，还有一个地方，是校服穿了以后啊，个个看上去都很漂亮、都很精神。真的，一件好的衣服就是能衬出人的精神面貌。虽然今天坐了这么多人在这儿，但个个看上去都特别精神。校长平时有没有给你们上课？

生：没有。

师：很可能全校的同学能够听校长上课的还是很少的。为什么选你们这个班，你知道吗？

生：我们优秀！

师：说得太对了！首先你们非常优秀，正是你们的优秀造就了你们班主任的优秀，这话有没有说错啊?
（笑）

生：没有!

师：（大笑）是你们的优秀造就了你们班主任的
优秀。

生：是我们班主任的优秀造就了我们的优秀。

师：（笑）其实啊，我想接着再说，班主任的优秀
促进了你们的优秀。

生：对的!

师：（笑）这个就比较完整了，你们的优秀跟班主
任的优秀加起来就使得集体非常优秀，所以校长对你们
是褒奖有加啊。他刚才就说对你们班主任要另眼相看，
所谓的另眼相看，也就是说班主任已经做了很多的事
了，校长还没看到，还用原来的眼光看，现在要用新的
眼光看，就是换一双眼睛来看。（笑）其实啊，校长还
是要保持这种经常换一种眼光来看大家、来看老师的心
态，因为你们每天都在变化，每天都在进步。

师：北大著名的作家、思想家钱理群先生，他有一
个观点——要敬畏青年! 因为青年人是最"可怕"的。
他这个可怕是加引号的，是指青年人最让你意想不到，
青年人他最敢想，他最有自己独立的见解，他对未来抱
着最大的憧憬。所以钱理群先生又有一个观念，他说青
年人身上有一种黎明心态。天马上就要亮了，希望马上
就要实现了，人生会变得更为美好、更为开阔。

我今天也是抱着一种期待的心情跟大家见面的。刚才来的时候我还跟凌校长说，通州这个地方很厉害。我上一次从福州出发的时候，身体稍微有点不适，结果到了通州就大病啊！那天晚上感冒很严重，第二天带着浓厚的鼻音（笑哈哈）所造成的某种磁性（笑）跟大家分享的！

生：跟大家一起分享！（笑）某种磁性。

师：没想到昨天又跟我身体突然的一个小毛病斗争了一个晚上，（喷）突然有一颗牙齿痛了一个晚上。俄罗斯的一个哲学家，有一篇小文章写得特别有意思，我昨天晚上就一直在想这篇小文章，文章中说上帝救不了你的牙疼。（生大笑）你那个牙疼呦，只能找牙科医生。噢，我一个晚上就痛得不得了，一直到早上才睡着。但是我来这儿，听了这么一节课，真的很振奋，几乎忘记了牙齿的痛。（师咧嘴大笑，生笑开了花）昨天呢，你们的班主任说了一句话，我很感动。他说一定要让你们有机会，和大海亲密接触，跟大地亲密接触，还要跟大学亲密接触。

生：（小声应和）跟大学亲密接触！

师：你们不要小看这三个句子，跟大海亲密接触，你就会有非常壮阔的人生；跟大地亲密接触，你就会对大地有深刻的理解，也就是对大地上现实生活中的人生百态有深刻的理解；而跟大学接触，其实在你们这个年龄，大学就是一个梦想，这个梦想会让我们对人生有更美好的期待。当你们的老师说完这三个亲密接触，他也就征服了我的心。噢，我也对他另眼相看！虽然他看上去可能还像个乡下人（生笑），但是，这三句话就使得他同时是个文明人！更重要的是，有这三个句子，他还是一个诗人。我说乡下人呢，是他生存的背景；说他是文明人呢，是指他受过的教育；说他是一个诗人呢，是说他是一个有梦想的人。啊！遇上这样的人呢，也是很幸运的一件事情，是吧？

生：嗯！

师：我觉得对校长而言也是很幸运的一个事情！校长要成为名校长，就需要有更多像你们老师这样的人！然后呢，带领着我们在座的各位同学。所谓的带领着，不仅仅是指现在的考试，也不仅仅是指现在的高考等方面，很可能更重要的是，带领着你们以后人生的方向，比如15年以后你们在干什么！你看，季美林老先生九十几岁了才写了这篇文章（指向屏幕），你从这篇文章里能够看出他的衰老吗？

生：不能！

师：不能（摇头），一点看不出是一个九十多岁的人写的文章（点头）！文章里面，无论是文笔、情感，还是对色彩、韵律的把握，包括对文章意境的勾勒，都是非常让人向往的。他始终保持着非常旺盛的精力读书、写作，也包括对人生的思考。这样一个非常美好的精神状态，很让人羡慕。

有人说，人生啊，最怕的是输在起跑线上！很多广告语在给家庭做广告时都说："不要让孩子输在起跑线上。"其实，这句广告语是句骗人的话。（生笑）人生不是短跑，100米比赛、60米比赛起跑线非常重要，马拉松比赛时起跑线重要吗？

生：不重要！

师：不重要！人生恰恰是马拉松长跑，所以重要的是跑的过程、跑的结果。可能在座的各位老师、同学，包括我，我们的起跑线都不是太高。但是，正因为人生是超长距离的马拉松，更关键的是看后面你能不能坚持跑，你能不能跑对方向，你能不能越跑越跑出自己的个性来。这个时候，结果就可能会更为美妙。我们都需要对人生有这样一个期待。我们来这里学习的时候，无论是从季美林的文章，还是从别人的文章里面都会感悟到，用自己的眼光、心灵、趣味去把握一篇文章，你就会有别样的收获，你就会对文本有不同的解读能力，慢慢地，你就有自己的一种解读文章的鉴赏力。

刚才我坐在下面，我就觉得我要来读这篇文章，我关注的可能跟你们的凌校长不一样。恰恰是这个不一样，才是最好的。比如说，我也像凌校长这样上课，就不需要我来上课了，是吧？真需要有不同的解读。其实一个文本有非常丰富的思想内涵，如果我们去解读的时候，能用自己的心灵去直面它，我相信这个文本里面的某种虚伪就会被我们发现，某种美妙就会为我们所享受。那么，这样一个跟文本相遇的过程，其实也就是跟生命相遇的过程，这是非常值得期待的。

二、用健康的方式获得更好的成长

师：我这个是跟大家见面的一个开场白，我已经说了很长了。下面就由在座的各位同学来说说你们有什么问题。比如说，你们可以从这篇课文开始，你们有什么问题想听听我谈一谈我的理解。然后从课文引开，你还可以提出你们感兴趣的问题。尽情地提出来，我们一起来分享一下，好吧？（微笑）

你们不要看这个文本了，现在暂时把这个文本抛开，想一想你有什么问题。哪位同学先来？我还要告诉你们一个秘诀：当老师说哪位学生先来的时候，你哪怕没想好，你也要先来，站起来的时候再把问题想好。你们先把机会给占下来，把机会占下来比把问题想好了再争取机会，可能更重要，这个也可以说在起跑线上你跑得比别人快一点。因为这会儿不是马拉松，这会儿是百米短跑。就像那个记者会现场提问一样，马上把机会占下来。哦，你来。

生：刚才凌校长教我们就是抱着随和的心态，现实一点。我们现在也是慢慢长大，即将成年，马上走入社会，其实我们面临的是很多很多的问题，是我们以前从来没有遇到过的。那么怎样才能在一个环境中让自己成长，而不是说无法调整自己？在这里有些人可能失去了信心。然后在人与人交往之中，怎样去消除这些问题？

有些问题其实并不存在，但是人总会想很多，然后便产生了介蒂，怎样才能更好地使人与人之间的交往更加容易？

师：嗯，好，谢谢你！你说的其实就是人生的一个大问题。看上去是小问题，实际上是说现在怎么跟同学交往，怎么去理解复杂的生活，怎么去面对艰难的挑战。我可以说，人生并没有任何一个时候，你能真正地把这些问题给解决了。

你看季羡林这么大年纪了，他还有他的问题，包括去年（按：2008年），季羡林跟北大的事情闹得沸沸扬扬的，哪怕快到人生终点的时候，他还会遇到很多现实问题的挑战。对任何一个人而言，这种挑战实际上是伴随着人的一生的，所以新儒家的一个代表人物牟宗三先生，他就说过一个观点：人生而为人，是一件很困难的事。因为人活着是很不容易的，人要想成长得好，总是要付出很大的努力的，人会遇到很多预料不到的问题。我就没想到我昨天晚上会遇到从来没有过的牙疼，到了你们通州，居然疼了一个晚上。

昨天半夜里我还在想，我是不是先听完凌校长的课，再去看看我的牙齿，把跟同学们的对话挪到下午？昨天晚上就一直在想这个问题。有时候，如果真的是牙痛啊，你甚至会担心这个晚上你都过不去了。但是你又只是一个连诉苦的对象都没有的人，只能祈祷上帝：让我睡觉吧，让我牙齿不太痛吧！让我一觉醒来的时候，

207

发现牙齿完全好了吧！所以人生的问题恰恰就在这儿，有时候是你意想不到的，它是偶然的，有时候是必然的，你会遭遇的。更要命的是，真正的人生问题都得靠你自己。虽然别人也会遇到这些问题，但是要去解决这些问题都是靠个人的。别人有时候帮不了你的忙，就像我刚才引用的一个观点，上帝都救不了你的牙疼，你要靠你自己。

其实，人生很多的问题都是要靠你自己的。比如说，当我孩子读初中的时候，那时候我看她读书很辛苦，就给她一个建议。我说："你呀，一定要每餐都吃得好，一定要努力每天都睡得好，如果晚上作业做完了，没有什么事，尽量早一点去睡觉，睡得充足一点。只有你吃好了、睡好了，你才有可能跟应试教育作长期的斗争。如果你睡不好、吃不好，你的身体状况、精神状况就会很差，这样你是很难在高中阶段始终保持旺盛精力、保持乐观的态度、保持对未来的想象的。"

所以，有时候让自己的身体始终处在比较好的状态是非常重要的。其实，当我这么说的时候，还包含另外一层意思，也就是像季羡林先生所说的，有时候要顺其自然。所谓的顺其自然，还需要我们听从自己身体的声音，就是当你疲劳的时候，你就应该休息，虽然休息可能会使得你的成绩受到某种限制，或者说没办法达到你预期的那个比较好的标准，但是不能达到也可能就是一种自然的状态。因为你付出 8 个小时的时候，你可能只能考 90 分。但是如果需要你付出 10 个小时才能考到 95 分，那么从顺其自然但能长期坚持下去的观点看，你还是应该选择付出 8 个小时。因为人生是一场马拉松，它还需要你持续地跑下去，如果在这个阶段你投入过多、过度焦虑、过度紧张，很可能会影响了之后的学习。

也就是说，当我们需要进行身体锻炼的时候，我们就要锻炼；当我们课间需要调整的时候，我们就要调整。这种锻炼和调整，都是为了使生命能够不断地处于一种比较良好的状态。同时呢，我们还需要听从身体的节律，不能超越身体的限度，超越了身体的限度就会带来很多意想不到的不良结果。比如说，一个人要是三天睡不好，他可能看谁都充满着敌意，看谁都觉得跟他有仇，甚至对这个世界上所有的事情都会很厌倦。所以，这种对自我生命的调整很重要。

当然，我们在生活中遇到很多问题、很多困难、很多挑战，但也只能一件一件地来处理，也不需要想得太多、太复杂。我们只能去解决我们能解决的问题，先把我们能解决的问题解决好了。实际上，把一件事情做好了，本身会让你有成就感，你就会对今天做更多事情有信心。所以，重要的就是把这件事情先做好，把这个责任先尽到，一步一步地来，这也是一种顺其自然。所以，一个良好的学校，一个良好的班级，往往会形成一种健康的生活方式、健康的交往方式以及健康的学习方式。在这样的一种氛围中，大家都能够相互促进。

同时呢，大家会有一种获得彼此之间的情感援助的感觉。那么在这种班级里，你感到很温暖，感到不断地受到关注、受到鼓励，你也会成长得更好。那反过来看呢，这样的一个集体，这样的一种文化的形成，又有赖于每一个人的努力。也就是说，每一个人为这一个集体注入一滴清水的话，这个集体就会健康得多，这样的环境是每一个人努力的结果。嗯，如果把你的问题归纳一下啊，也就是说，我们要保持良好的状态，保持一个健康的态度，保持对未来的一个信念，同时关注到自己的健康的生活方式、与他人交往的方式，为这个环境——一个班级的文化投入自己的一份心力，尽到自己的一份责任。我相信，很多问题慢慢地就能够解决。或者说，你就会找到解决这些问题的一些思路，就足以把事情做得更好。好，希望我绕来绕去没把你给绕晕了。

三、用黎明的心态进行人生马拉松

生：嗯，就像您刚才所说的，学习要考虑到我们自己的身体情况。但是，在中国的这个环境中，我们面临着很多竞争，如果真的只考虑到我们自己的身体情况，有时候就会令我们学习成绩有所下降，成绩下降就会使我们有许多的压力，包括来自父母的、朋友的。我也曾看过一个节目，谈论的是我们上学是不是该选择名校。有时候选择名校就能使我们通往好的大学，但是选择名校就不是随缘了，就是……

师：你的意思我基本上听懂了，其实你今天的表现已经非常好了。到现在为止，你已经有 3 次发言了，可能是班上 67 位同学中发言次数最多的一个。大家要是都有 3 次发言机会的话，那每天的课啊，都不太可能啊！我来回答一下你提出的问题。怎么说呢？今天中国的现实啊，一方面竞争确实是比较激烈的，上学竞争、就业竞争、就业之后发展的竞争，都是很激烈的。这点连我们坐在教室里面都能感受到。另一方面呢，我觉得某种意义上它又夸大了竞争。所谓夸大竞争，就是说把这个竞争窄化了！这给人一种幻觉：你书读好了就可以上好的大学，上了好的大学就可以找个好的工作，有好的工作就可以找一个好的配偶，找到好的配偶就有好的生活，过好的生活就会很幸福。

这里似乎有一种逻辑上的联系，但实际上是一个错觉，跟这个相关的是什么呢？我说一个反面的例子，现在中国大学生自杀率很高。很多人不敢正视的问题是：学历越高，自杀率越高；越是名校，自杀的人就越多；越是名校，精神不健康的人也就越多。这就是因为每个人都陷入了这种怪圈，以为知识最终真的能够改变命运，然后把其他的，包括把健康的心灵、健康的身体，放在了一个很低的位置上。你可能进入比较好的大学，满足了某一阶段的人生需求，但是最后你也发现你的心灵还是找不到归宿，找不到依托，你的身体所付出的代价却是非常大的。

这是一个很复杂的社会问题。让你们这个年龄的人来承担这么大的重负，这是一个不道德的问题。凌校长跟我说，包括我们南通，现在也在反省我们的教育是不是有一些路走得不对。而我们江苏，也都需要来反省我们的教育之路是不是走得不对。如果教育都以牺牲人的身体和精神健康、人们对未来的想象力为代价，这个教育可能是病态的。一个人从大学走出来之后还有很漫长的人生。从这个角度来看，一个人更需要的是一种乐观的心态，需要一种较强的跟别人交往的能力，需要一个健康的身体，同时需要有一种持续学习的愿望。这样，人才有可能始终朝着正确的方向持续地走下去。在这点上，我们这个社会有时候把社会危机转化成教育危机，使得教育很容易出现偏差。其实，任何一个比较健康的国家，它总是把人的身体健康、精神健康，包括与他人的相处能力，放在最核心的位置上。

对于学习而言，从某种意义上说，勤奋当然非常重要，但更重要的是每一个人的天分、优势，这些如果有机会得到发挥的话，对任何人而言都是最大的幸福。在健康的生活状态、学习状态之下，你的天分得到很充分的发展，这是一件非常美好的事情。但是现在，还不可能实现这样一个目标，所以我觉得包括在座的各位同学，我都愿意跟你们这样说：一方面，我们需要有所坚持，保持我们积极的学习态度，保持我们积极的人生期待；另一方面，我们也不能过于偏执，也不能过于相信勤奋或加班加点就一定能够创造奇迹。加班加点有时候付出的代价也很大，过度的投入往往会导致后期精力的不足，所以保持生命的节律是非常重要的。我曾经到苏北，那儿有一所学校，学生高考历年在江苏省都很厉害，但是当地的教育局长就曾经跟我说过："我们这里培养了一流的考生，但始终没有培养出一流的人才。"考生跟人才还不是一样的。

我们现在的高中，还不是最好的高中，也可能在高考的时候我们还不能考出最好的成绩，但是高考不是人生的终结。我相信，我们通州出的人才，全国一流的人才，甚至在世界上有影响力的人才，并不是在高中的时候就是世界一流的人才。人生的路很长，我也是在乡下的一所中学上学的。我现在到了四十几岁，再回过头看就发现，那个中学不重要，甚至我上的大学也都不重要。更重要的是我上大学之后，这么多年的努力最重要。所以有一次，跟大学同学聚会的时候，我发现了一个惊人的秘密，过了十几年之后，现在真正优秀的人，不是在大学的时候最优秀的。当然，有一些在大学时优秀的同学，他还保持了优秀。但是，有很多在大学的时候优秀的人，现在已经默默无闻。因为人生需要漫长的累积，正是这种漫长的累积，使得一个原来可能不起眼的人通过累积变得有智慧，变得更聪明、更有创造力。

其实，今天凌校长选择的这一篇文章含有这层意思，它就是某种启迪。这种启迪，你看，这个荷花4年才开。等了4年，它开花了，它成长了。荷塘里这个莲

213

叶的成长也有很漫长的时间，它也有它的成长史。这个成长，也是很缓慢的，人的成长也是这样。所以有时候，你起点不高，不等于你今后一直受限于这样的起点。我觉得，在人生中耐心跟坚持是非常重要的。这种耐心跟坚持一方面是信念的问题，另一方面也是你的生活方式、生活习惯的问题。你需要始终保持这种状态。包括你的班主任，我相信他如果始终保持这种读书、思考的习惯，不断提升自己的教育境界，他哪怕就是在二甲中学，也可以成为一个非常优秀、非常有影响力的教师。

我昨天就跟凌校长提出来，我说真正优秀的班主任，都不出自名校，因为他作为班主任，在名校不会遇到挑战。学生都太优秀了，没什么好挑战的，你的智慧就不能发展。我们现在恰恰就是在一种挑战之中，一方面是压力，另一方面更需要自我调整、自我改善。培养这种耐心，按照适合我们的节奏，一步一步地努力朝前走。人生最可怕的事情，就是没有梦想，还有一件更可怕的事情，就是受自己的出身、成长环境的制约。这就是出身决定论，出身就限制着你的一生。

我们福建人哪，老喜欢把福建简称为"闽"。说这个"闽"啊，如果你没有离开福建，关在门里面就是虫啊。只有出了福建，才会变成龙。我前一阵子突然又悟出了一点，为什么关在福建就变成虫呢？关键就在于，你在福建的时候，首先是你自己把自己看成虫了，所以你真的就成为一条虫。你如果不把自己当成一条虫，你在哪里都不是虫，即使别人把你看成虫，你自己也明白你确实不是虫。（生笑）其实现在这种资讯、这种交通，你哪怕深居穷乡僻壤，照样可以洞察到世界的千变万化，可以形成自己的思考，也就是真正的世界观。

你看我们二甲中学，我们就是在这儿通过上网跟世界连接，我们通过图书馆，可以跟人类最伟大的心灵对话。你说，这里何陋之有啊？我们鄙陋吗？我们不鄙陋！我们跟北京、上海那样的大都市有多大的区别呢？想象一下，如果我们这个学校是坐落在上海的南京路上，跟坐落在这里，在信息资源上，到底有多大的区别呢？其实，我说的是观念的区别，并不是资源的区别。因为当你有了这样的意识后，就没有这种区别了。我曾经跟一个朋友说过，我从福州到南昌远还是从福州到悉尼远？我想所有的同学都能回答这个问题。（生："到悉尼远。"）到悉尼远，但是我从福州到南昌用了12个小时，从福州到悉尼用了10个小时，为什么？交通工具不一样哪。我从福州到南昌，坐的是火车，而且是比较慢的火车，我坐了12个小时；我从福州到悉尼是坐飞机，这里面真有很美妙的意味在里面。不是说不在你身边，好像就远，其实要看你借助什么样的工具。你生活在这里，也是这样，看你借助了什么工具，看你凭借的是什么样的观念，看你是用什么样的方式去生活。你所获得的整个世界，包括获得对这个世界的理解力，都是

215

很不一样的。

所以我想，我们作为乡村的子弟，需要有一个走出乡村的心态。现在很多人都在思考这个问题。走出乡村，不是忘记乡村，而是继续保持我们这种对土地的热情，所以你们班主任提出要拥抱大地。什么叫拥抱大地啊？就是有土地的情怀，有大地的这种情意，有对大地上生活的所有生命的一种关注，包括对亲人有感恩之心，有回报的渴望。这非常重要，因为每一个人都是他家族生命链中的一员，都背负着整个家族的期待，更重要的是我们对自我生命的一种期待。我们跟世界对话、跟自然对话、跟大师对话，就是要让我们的心胸变得开阔。

今天，我们学这样一篇课文，校长特别强调，要想理解季羡林，还要去读他更多的书，是吧？其实人的思想都是这样的，你要想理解一个点，就需要理解一个面；要理解一个面，就需要理解一个整体。这样我们才能获得一个更为深刻的理解、更为深邃的洞察力。所以，看似简单的问题背后，都会引发我们更为深远的思考。让我们处在一个思考的状态里面，处在学习的状态里，其实，你们慢慢地就会变成一个更为美好的自己噢！我把你的问题敞开谈了一下感触。时间比较短哦，一会儿老师也要跟我对话（大笑）。

生：我妈经常跟我说，你的命运是把握在你自己手中的，只有你努力了，去把握你的命运，你才可以有一个更加美好的未来。从小我妈给我灌输的思想就是：你要考一个好中学，考一个好大学，那你的一生肯定就是辉煌的。听张老师的语气，好像是说，你不考一个好的大学，你也可以很幸福，那是否与我妈的想法违背呢？

师：其实没有违背，你妈妈表达的就是对你人生的期待啊，简缩为好中学、好大学！而我说的好呢，其实可能更重要的是你的好心态、好的生活方式、好的身体状态。更重要的是，你始终把这样的一种好姿态保持下去，这非常重要。我再举一个很直观的、你们可以感受到的例子。比如说，要当一个好老师，他要继续当好，一个月至少要读一本书，但是很多人不读书了。这些不读书的老师，他跟你接触的时候，你会感受到，是吧？他的思想、学识、表达方式，包括他对教育的态度，我们都会感受到。也就是说，人始终需要保持一种学习态度、一种进取心。你妈妈只是提出了一个阶段，她的评价标准是上好的中学、好的大学。而我强调的实际上不止这些，可能需要持续下去。当然，我要强调一点，也可能某种目标你现在不能达到，但不等于以后达不到。你可能考到一个不是很理想的大学，但是人生并不是到此为止。人生是个漫长的马拉松，有的人甚至到了晚年才突然发现自己真正的优势所在，但也不见得太迟，还会有机会。就是说，包括钱理群先生提出的这种黎明的心态，我说真正很重要的是，始终抱着对未来的想象，用一种积极的态度来对待它。我相信，从这个意义上就真的可以说命运掌握在自己的手上。

教 后 评 析

唤醒生命

——谈张文质老师的《人生就如马拉松》一课

张文质老师和二甲中学 2008 级高一（3）班的孩子进行这样一场交流的时候，我当时就在现场。今天，再次来读周林聪（该班班主任）整理的对话实录，我仿佛又回到了那个令人难忘的上午。我不知道张老师进行这样的讲话之前有没有特别地备课，但是，我知道其中对生命关怀的立场，张老师是不需要备课的，或者说他为这一堂课已经准备了很久。

其实，如果要你来给一群高一年级的孩子谈人生，你会谈什么呢？我想，有很多东西可以谈，因为人生的内涵实在太大、太丰富了！但张老师谈了"人生就如马拉松"，这让我肃然起敬，因为我知道二甲中学的孩子真的需要这样的指引！这样的谈话是对生命的回归，因为张老师知道，对孩子而言，"自己"才是最重要的。这是对青春的救赎，因为这群年轻的孩子在应试枷锁下已经无力抗争；这是对自信的呼唤，因为身在二甲中学的孩子是一群生活在繁华世界边缘的少年。孩子们眼前一亮，猛然间一个个都抬起头来！

这里，我还想表达的是，无论是看上课的方式还是看上课的内容，张老师都是一个优秀的老师。

　　我尤其记得张老师对高一（3）班班主任的赞赏。周老师为鼓励班上的孩子们，提出过"亲近大海、亲近大地、亲近大学"的口号，并真正带领孩子们去做了一些事情。在知道张老师要和班上的同学对话后，周老师又说："人生的成长，还需要亲近大师！"于是，同学们都满怀期待地等着和张老师见面了。可是，张老师为什么要如此称赞周老师呢？仅仅是为了作为对正题的过渡吗？

　　"当你们的老师说完这三个亲密接触，他也就征服了我的心。噢，我也对他另眼相看！虽然他看上去可能还像个乡下人，（生笑）但是，这三句话就使得他同时是个文明人！更重要的是，有这三个句子，他还是一个诗人。我说乡下人呢，是他生存的背景；说他是文明人呢，是指他受过的教育；说他是一个诗人呢，是说他是一个有梦想的人。啊！遇上这样的人呢，也是很幸运的一件事情，是吧？""我觉得对校长而言也是很幸运的一个事情！校长要成为名校长，就需要有更多像你们老师这样的人！"

　　对这个问题的开窍，是在听过另一场报告之后。讲课人无比自豪地告诉听课的我们，他在哪里受到过怎样的欢迎和追捧！似乎一定要体现出他比其他的讲课者出色许多的样子。难怪很多时候，有的老师很不情愿把自己的学生借给别人上课，不想让自己的"领地"烙上别人的印记！可是，张老师却预先给孩子们的班主任很高的定位和评价，以确保周老师在孩子们心中的位置不动摇！是的，张老师和孩子们的交流可能只会是这一次，但是这一次之后，周老师还需要天天面对他们，不能因为外面来的老师和自己的老师形成某种差距而造成孩子们内心的落差。当然，周老师本身也的确有许多可圈可点之处。张文质老师的一番赞赏，让周林聪老师能够在孩子们的面前始终保持着抬头的姿势！

在与孩子们的谈话中，张老师也始终在鼓励孩子们自信。在对话开始，几个"另眼相待"让孩子们感觉自己是校长心中的骄傲。这理所当然地激发起孩子们的自豪感！我在二甲这座小镇上教书已经是 13 年有余了，这座远离城区的小镇让这里的孩子，还有我本人，对繁华的外界有一种向往和敬畏。如果今天我们一起去入住一家高档的酒店，你一定会发现，在进入酒店的那一刻，我的眼里一定会有一丝慌乱！这就是小镇留给我们的印记。今天，从很远的地方来了一位很厉害的老师，要和自己对话，孩子们终究是有一些胆怯的。张老师却通过"校长的另眼相待"，一下子就让所有的孩子都感觉到自己的重要！或许有人会把这归结为张老师的教学艺术，我却想说，这是张老师对生命的唤醒，因为张老师一直就在为唤醒生命而努力。

或许，这些还是次要的，张老师在这堂课的绝大部分时间里都是在做一件相同的事情——唤醒生命！张老师把人生比作马拉松，要衡量一个人成功与否，应该站在一生的角度来看。他鼓励孩子们"用健康的方式获得更好的成长，用黎明的心态进行人生马拉松"。我最为感动的是张老师善于给孩子们一个具体、可靠的抓手。因为当我们在描述理念的时候，我们总能说得头头是道，可是学生听完一想：我怎样才能做到呢？

张老师说："你看我们二甲中学，我们就是在这儿通过上网跟世界连接，我们通过图书馆，可以跟人类最伟大的心灵对话。你说，这里何陋之有啊？我们鄙陋吗？我们不鄙陋！我们跟北京、上海那样的大都市有多大的区别呢？想象一下，如果我们这个学校是坐落在上海的南京路上，跟坐落在这里，在信息资源上，到底有多大的区别呢？其实，我说的是观念的区别，并不是真正的资源的区别。因为当你有了这样的一个意识后，就没有这种区别了。""你生活在这里，也是这样，看你借助了什么样的工具，看你凭借的是什么样的观念，看你是用什么样的方式去生活。可能你所获得的整个世界，包括获得对这个世界的理解力，都是很不一样的。"张老师告诉孩子们，生活在哪里，其实都是一样的，"只要有一个走出乡村的心态，就能让我们的心胸变得开阔"。这明确地告诉孩子们，我们都有可能做得到！

其实，张老师做的很多事情，普通人也能做得到，这也是张老师的价值所在！如果很多事只有张老师能做，其他人做不来，那么这或许体现了张老师的伟大，可是这样的伟大是没有价值的，因为张老师一个人的力量终究是有限的。张老师的价值是，他做了，做到了，还告诉别人——自己也能做到！记得我班上曾经有一个家庭贫困的孩子，他已经对自己很失望了，觉得自己肯定念不下去书。我告诉他，他可以，即便他真的很穷。我告诉他，我曾经也是家庭困难，考上大学时，我选择收费少的学校和专业，上大学后我一方面尽量节约，另一方面适当挣一些零用钱，参加工作以后，我是如何一点一点攒钱"致富"的。孩子听了之后，觉得我能够做到的，他也应该能够做到，后来他也真的做到了。其实，这样的方法就是那一堂课上，从张老师那儿学习来的。所以，我要感激那一次张老师的课，因为听课的人当中还有我，他告诉了我一种教育方式——教给学生一个明确的路径，这样才能更好地燃起他们的希望！

那一堂课后，很多人都抬起了头！

（朱建）

换一条路走如何

——与二甲中学部分学生对话

2009 年 5 月 25 日，我到江苏省南通市通州区二甲中学进行教学考察。在听课之余，学校安排我和 2008级高一、初二的部分学生对话。

课 堂 实 录

一、把自己培养成一个"中产阶级"

师：各位同学，大家好！大家有没有见过我？

生：没有！

师：都说没有见过我，现在不是见到我了吗？（全场大笑）还说没见到我，我没有说以前见过我啊！呵呵，现在见到了。我刚才为什么这样问？因为我突然发现你们凌校长跟我一样，都是一个矮个子。（全场大笑）大家有没有注意到他是一个矮个子呀？（学生轻声议论……）

真的没注意他是一个矮个子？这很奇怪，为什么呢？可是我觉得他其实是一个很高大的人。有时候，人的某种精神力量会使人变得很高大。例如，鲁迅是矮子，邓小平也是矮子，列宁也是矮个子，拿破仑在这几个人中个子是比较高的——身高是 1.67 米，而鲁迅先生只有 1.6 米，邓小平还更矮一点。

我们在别人心目中应该高一点。个子矮是一个缺点，你要画像，一定要画得比他高一点，好像他长得1.7 米一样。我说的是有时候外在的一些形象跟人内在的一些境界会有距离。

我再说另外一个观点，大家今天看到我穿的是便装，我已经很久没有穿西装了，上次我去沈阳，那边有一个电视频道，叫作"智趣频道"，我们在那里做一个谈话节目，相当于香港的凤凰卫视"锵锵三人行"。我客串了主持人，同时又作为一个教育研究者，针对教育的问题提了一些建议。昨天晚上我来二甲中学，二甲中学成立了一个"读书会"，有没有同学听说？

生：没有。

师：其实老师们有很多的活动，同学们不知道；也有可能同学们有些活动，老师们也不知道。（众人笑）其实，最好是老师和同学都把能知道的问题告诉大家，老师的活动应该大体上让学生知道。这个活动命名比较有意思，叫作"二甲中学张文质之友读书会"。昨天晚上跟这些读书会的老师们交谈，我感到疑惑，也是穿着上的疑惑，我昨天穿的是短袖，那我们这些老师们呢？有的穿的是西装，有的是穿着便服——就是外面还穿一件衣服。我有点疑惑，有点惊讶：我为什么跟他们不一样？为什么呢？你们有没有想到？那么你来回答一下。

生：感觉他们对你还是有点见外。

师：哦，"见外"——非常有想象力。（生笑）因为我想过，现在天气已经这么热了，为什么老师们都穿了这么厚的衣服呢？后来校长说了一句话，让我有点不好意思。他说，我们的老师啊，都是早出晚归，他们一定要比九点上班、五点下班的人穿得多。因为早上五六点就出门的人一定是要穿得多，晚上八九点还在学校的人也是要穿得多，所以我就感慨。

你有没有发现？我作为一个经常深入学校的教育研究者，跟老师们的生活还是有区别的。我每天都是九点才到办公室，这时太阳已经高照，热的时候，我不会多穿；冷的时候，我也不会少穿。因为那时候的气温都是比较正常的。而老师上班时的气温不是一天里最正常的，从这点可以知道老师的辛苦。由此想到你们也是比较辛苦的，因为老师这么早来到学校，你们也要这么早来学校，所以你们穿的也是比较多的。

在你们提问题之前，我先讲一个我的经历。我这次出门转了一圈，从湖南到辽宁，从辽宁到北京，再从北京到通州这里来。我到湖南作讲座时，与现场 1500 名家长交流，讲如何把孩子培养成人才。这次我讲的主题是"每个父母都要把孩子培养成新兴的'中产阶级'"。你们有没有想过"中产阶级"这个概念？

（生轻声议论）

生：我感觉应该是外表不太华丽，但涵养很高。

师：你说得真好！你首先说到一个情况：中产阶级看上去比较朴实，不华丽，不夸张，但他们有内在的文化品位。你这一见解让我很惊讶，我真的很佩服，你们给点掌声啊。（全场掌声）

中产阶级，过去你们可能会理解成资产阶级，可能首先把它理解成一个政治概念，是吧？这位同学谈的是一个文化概念。我更赞成它是个文化概念！就是说，他（她）受过比较好的教育，他（她）在整个社会里有他（她）应有的身份，同时他（她）很文雅、很从容、很有教养。其实，从你刚才的回答中，我又想到中产阶级的一个很重要的特征，也就是我今天晚上要跟老师们讲的话题。所谓的中产阶级，他（她）还是一个讲述者。什么意思呢？就是善于表达自己的观点，善于和别人交谈，善于欣赏别人的见解，善于跟别人合作。所以你不要以为说一句话好像很容易，其实你说一句话就不得了！

我可以举一个比较有意思的例子。当时国际足联在选新一届主席的时候，时任欧洲足联的主席呼声非常高。于是，他就到世界各国去游说，让国际友人投票给他。当时形势一片大好。他到了非洲以后，想幽默一下，于是他说走进会场的时候，发现灯光忽然暗了下来。就因为这句话，他落选了。为什么？到了非洲，你能说灯光暗了下来吗？

生：不能！

师：为什么说不能？因为非洲的足协委员几乎都是黑人，这句话里含有对黑人歧视的意思。所以，一个人把话说好，太重要了！当然，话的背后是他独立的见解，说得更生动点就是教养的体现。今后做一个新兴中产阶级，做一个管理阶层的人，都应该是善于表达自己观点的人、善于和别人交际的人。也可以说，他应该善于把复杂的问题讲得简单，把枯燥的问题讲得生动，把简单的问题讲得很有智慧，把大家闻所未闻的事情讲得能够打动你，这些都是很重要的素养。

所以，以前来听课，我不仅关心大家能不能回答准确，也不仅关心大家的思维是否活跃，我还会关心一个人站起来回答问题的时候是否很自信、很优雅、很从容，表达得是否抑扬顿挫，让人一看就觉得他不仅说得好，还很有魅力。说得好，还很有魅力，这非常非常重要！

二、我们需要的是"存在革命"

生：刚才您讲到素质，我想问一下，在中国现在的教育制度下，明的说是素质教育，我认为实际上是应试教育。我想问一下，您对这个问题有什么看法？

师：你看，他一下子把我逼到一个很困难的境地。这个问题实际上是所有中国人的问题。而且从小学一年级开始到九十几岁，你都会思考的。哦，素质教育跟应试教育，我能够回答这个问题吗？

生：能！

师：我这么厉害啊？你对我这么有信心啊？我不能回答这个问题！但是我要建议大家换一种方式去思考。就是有时候一条路啊，非常难走，一般的思维方式就是再艰辛，我都要从这里走过去，是吧？这是一种方式。那么还有一种方式呢，我换一条路走。但是同学们可能会想：我们没有可换的路走嘛！那我们还是回到这条路上再思考。思考什么？思考的要点在哪里？有可能是非常痛苦地走下去；有可能是非常有自我意识的——我走过这个路，我生命的意义不是用一生来走这条路的，而是我走过这条路之后，我可能会有不一样的前景。这就是一种不一样的思考。

所以，有的人会把考试当作一生。有的人可能把考试当成一种守望、一种命运。还有一种思维呢，就是你可能把所有的精力都用来走这条路。但是有的人可能就认为，当我疲劳的时候，我就开始休息，我休息的目的就是为了更好地走这条路。这就又不一样了，因为此时你的身体跟精神状态都有所不同。所以这里我用一个比较深奥的概念来证明，我也希望我作为一个讲述者能够把它讲述好。这次我在北京的时候，见到北大的著名教授钱理群先生。有没有谁听过钱理群这个名字？听过这个名字的举一下手。

（学生举手）

师：钱理群的"钱"怎么写？

生：有钱的"钱"。

师："理"呢？

生：真理的"理"。

师："群"呢？

生：群众的"群"。

师：啊，真好！我要代钱理群老师谢谢你，说明他的思想已深入我们的中学生。他是一个非常有知识的人。他也很认同我做的事情——生命化教育。他经常提的一个概念是："想大问题，做小事情。"就是说，你既要想很大的问题，如民族的未来、人类的未来、自己的未来，这些大的问题都要去想；但又要做小的事情，现在就能做的，有能力做的，也是可以做的，这些事情先把它做好。实际上，有时候局部的改善会带来整体的改变。比如说，我们在学校里，有很多生活细节的改变，都会带给我们精神更多的快乐。甚至你对一个人微笑一下，你会发现你的人际关系都可以改善，是吧？一些小的事情，每个人都能做的，每个人都应该做的，每个人都能努力去做的，这些事都应该做好。这次我去见钱理群老师，钱老师特别跟我讲到捷克一个卸任的总统，也是一个剧作家，叫哈维尔。有没有谁听过"哈维尔"这个名字？

生：没有。

师：你们上了大学读了更多书之后就会听说这个 20 世纪非常重要的思想家。哈维尔提出过一个很有意思的概念，叫作"存在革命"。因为我们原来反对一种旧的生活方式、旧的制度或者说旧的文化，我们更多的只想到去把它摧毁。那怎么摧毁呢？革命！对，革命！用暴力革命，用暴风骤雨式的方式。但这样的摧毁可能就会带来很多的灾难，用现在传媒界、政治界的概念叫作会有"人道主义"灾难。就是说，你摧毁一种对立的事物的时候，可能会殃及许多无辜。同时呢，你用这种极端的方式摧毁它的时候，实际上它会带来穷困，会带来更多的暴力。

所以哈维尔说了这个"存在革命"。它是什么意思呢？就是说，你要反对一个事物，不要用对立的、极端的方式去反对，而是用另一种生活方式、思想见解、文化。不是说用替代的方式，用夺取它地位的方式，而是让另外一种文化生长起来。这会让更多的人发现，另外一种方式是更好的方式，然后就会有更多的人选择另外一种方式。

不知道我这样讲道理大家听明白没有？就是说，大家都在用非常极端的方式进行应试教育，学校也没有办法离开应试教育的土壤。然而你发现学校的老师开始读书了，老师开始讨论教育问题了，老师开始改变自己的生活方式了。老师用这种生活方式和文化方式带动着学校，带动着课堂，带动着学生……你发现有没有变化？今天曹老师给你们讲课的时候他有没有变化？

生：有！

师：如果有变化，我们把掌声给曹老师。（全场热烈地鼓掌）我们初二的季老师，初二的同学发现季老师上课有没有变化？（全场响起掌声）这个变化有没有意义？如果有意义的话，我们就大声地再鼓一次掌。（全场响起热烈的掌声）

从掌声中我可以体会到，我们知道了钱理群，我们还听到了哈维尔的声音。其实就是另外一种文化方式，另外一种对存在的思考方式，另外一种面对灾难的方式。这一点太重要了！从掌声中，我们可以看到同学们对这个改变的期待，但是这种改变不是用对峙来改变。对峙的方式是什么？应试教育很糟糕，我放弃了，能放弃吗？不能！我用一种很消极的方式对待它，行吗？不行！

我用一种完全认同它的方式对待它，行吗？更不行！因为如果你持一种完全认同它的方式，你可能会牺牲你的健康、你的身体，这是其一。另外一个呢，更可怕！如果你完全认同了它的价值，你就不再有自己独立的思考，你就不再有一种评判的精神和对未来生活的想象。这个时候人付出的代价就更大，因为我们再也成不了我刚才所说的新兴的中产阶级，再也成不了领导者，再也成不了未来世界的领袖，就只可能成为被动的人、被剥夺了思想自由的人，这个代价很沉重。

所以，作为初中生，作为高中生，我们都要去思考人生，都要去思考未来。好，我这个问题回答完了。（全场鼓掌）

三、哪怕还难以产生效果，我们也要学会表达

生：您刚才讲到一些素质教育的观点，我是这么认为的，不一定要天天在学校做那么多的功课，有那么一点点时间，在晚上做完功课之后，在夜深的情况下，看自己很喜欢看的书。周末的话，跟自己比较好的几个朋友在一起讨论题目。我想问您的是，假如可以变化，我们中国的家庭教育，先不谈学校教育，可以给我们这帮孩子怎样的一个假期，让我们可以做自己想做的事？比如说学很多的乐器，这样是有利于陶冶情操的。然而，现在很多人都把学习成绩放在第一位，当然前提是自己要对学习抱有很大的兴趣，对待自己的未来也是如此。

师：哦，好的。这位初二的同学还是挺了不起的。他很清晰、很流畅、很准确地表达出了可能也是在座很多同学的心声。当然这首先是他自己的心声。

这次在北京，我跟一些朋友聊教育的时候谈了一个观点，就是我们现在很多的教育研究者，包括教师，也包括很多父母，一说起美国教育，马上就挑出美国教育的很多缺点；一说日本教育，就说日本教育有很多缺点。我们打开电视机看新闻，很少看得到世界各国美妙

的事情。看到比较多的是什么？灾难、战争、不幸。另外一个问题是，我们不能去正视自己的痛苦。我们不说它，我们就不痛苦了？这也是一个文化、思维上的局限性。

我们这位初二的同学，他把自己的声音表达出来。我仍然要这么说，哪怕我们表达出来的声音很多人都听不见，但我们还是要表达！哪怕我们表达出来的声音很难产生改变的效果，我们还需要去表达。因为我相信，有更多的人在表达自己的声音，就一定会汇聚成力量。我们今天的中国社会，逐渐地产生出这种趋势，这是不可阻挡的。它会转化为公平社会。所谓的"公平社会"，就是每个人都有自己最基本的权利，每一个人都有表达自己声音的权利。它终有一天会改变中国的文化，改变中国的社会结构。

表达出自己的声音，表达出自己对民族、对自由、对幸福生活的渴望，非常重要！如果我们在座的，我们中国未来最有希望的人群都不再有梦想，都不再有对更美好生活的渴求，那这个民族才叫悲哀呐！这个民族才叫没有希望啊！

所以，首先要珍惜你现在的生活，同时我也是带着这样的愿望，跟你们尊敬的、亲爱的凌校长一起探讨一种新文化，跟你们的曹老师、季老师，跟这里的青年才俊，一起探讨我们学校的改变。哪怕在应试教育的背景下，我们学校也能让它生出一些新的东西来，生出一些美好的东西来，生出一些更代表着未来美好方向的东西来。

正像刚才那位同学所期待的那样，我也跟你们的父母进行交流。上一次给高中学生的父母讲过家庭教育，今天跟你们交流对家庭教育的见解。说实在的，我们现在的家庭教育最大的麻烦在于一条道走到黑。家庭教育需要有人一起来研究，来发出不一样的声音，不是我们父母愚昧，也不是父母对你们没有爱惜，而是社会舆论、价值导向、人才选拔制度，逼得大家好像只能规定你们走那条路。但是我们和你们的父母都谈到，对任何一辈人的成长而言，生命应当放在首位，再艰难都要顽强，活着就有希望。你们是"90后"，比我女儿还小，也可以看作我们的孩子。这一代，我经常感慨，比如说，我要是1976年之前，由于种种不幸就死掉了，我还知道毛泽东死后中国的变化吗？我要是在互联网诞生之前就死掉了，我还知道互联网带给我多大的幸福和快乐吗？从某种意义上我们可以说，活得越久，看到的就越多，当然同时还要追求生活质量。生活质量越高，活得就越有意义！

四、带着健康和梦想去上学应该成为我们奋斗的目标

生：张老师，您好！我问的是，像我们高中生，天天为家长、为老师而学习，为的都是考大学、考理想的大学；对于初中生，为的都是考个理想的高中。可是我

考不上怎么办呢？虽然说行行出状元，但是我们又没有一技之长，我们应该怎样面对未来呢？

师：你这么说啊，我想起上次在博客上看到凌校长的一个课例。我看孔乙己怎么看都像我们的中学生，他学的所谓"一技之长"啊，就是考试！但是孔乙己比不上你们，孔乙己学到考试能力之后，科举制度被废除了，他所有的"本领"都失去了意义。茴香豆的"茴"有四种写法，有意义吗？没意义了，就算八种写法也没意义了，因为科举制度取消了。但孔乙己比你们还有更不适应的地方，你们说孔乙己连自己的名字都没有，孔乙己有名字吗？没有名字！他姓孔，而乙己是别人给他安上去的。他有家吗？有父母吗？有亲人吗？没有，那就太可怜了。鲁迅先生的小说里面，最可怜的有三个人物：阿Q、祥林嫂、孔乙己。什么时候读这些小说，你要是不会流眼泪，那就麻烦了，说明你的心肠太硬了。我每一次读孔乙己，都不忍读啊！

我看人，更多的是看他的痛苦命运。一个人那么努力，最后什么都没有，麻烦非常大。那个祥林嫂，她完全生活在愚昧思想里，没有人在意她，甚至更多的人还变本加厉地用各种方式压迫她，没有希望！像阿Q，阿Q比他们好的地方是，阿Q还有点活力，活力很重要啊！也就是说，阿Q还有改变的诉求，靠自己改变的诉求。阿Q也是很可怜的人，最后啊，鲁迅写得有些不忍，阿Q死的时候还带着画不圆"圆"的最后的遗憾，鲁迅先生感慨地说："哀其不幸，怒其不争"。

我觉得说前面的就够了，哀其不幸，很难争啊！人在某种生活处境中，有时很难争的，这个好像说得有点远，还是回到我们现实里。我们难免要说一句，你要争取考一个好的大学！我本来要告诉你，你完全可以考上一所大学，你的努力就是争取考一所好的大学。现在考大学不难，考好的大学比较难，带着健康的身心去读大学，带着人生更广大的梦想去读大学，那是难上加难。所以，保持自我生命的良好状态，我说的就是健康、梦想，带着这种良好的东西去上学，应该成为我们奋斗的目标。

我跟我女儿这样说，要吃得好一点，要休息得好一点，这样才能跟应试教育作长期的斗争。鲁迅先生说，要有韧的精神。韧就是坚韧不拔。活到老，考到老，我今年还想去考驾照呢。心里想着考试就怕得不得了，这是考试恐惧症。也就是这个考试，童年、少年时期留下的噩梦会让我们一生难忘，我们要努力减少这种噩梦。怎么减少？不是说不考，而是要添加一点东西。比如说，能够休息得好一点，下课了到户外走一走，我还要建议校长在校园里多安一些凳子，大家有空时在凳子上坐一坐，跟你最喜欢的同学做一些事情，当然也包括异性同学，我觉得学校应该是一个健康的、有梦想的地方。周末有空不妨去看一场电影，和父母到好的餐馆去吃一顿饭，我相信这都是我们能做到的。我们也不妨像刚才那位同学说的，读一本爱读的书，不要对电脑、游戏过分痴迷，尽可能远离那些无聊的电视，在一种平凡中过有诗意的生活。我举一个很小的例子，你傍晚的时候在操场上看看落日也是有价值的。春天到来了，看看校园里的树是怎么萌芽的，花是怎么盛开的，也是有价值的。所以说，在平凡中为自己创造机遇，在观察中为自己创造想象力，这都是有意义的。你跟一个很好的同学说一说那些故事，也是很有意义的。

我女儿18岁了，她告诉我："老爸，我现在唱歌不会走调了。"重要吗？我现在还经常走调呢。人年轻的时候有一个爱好，或者会唱歌，或者懂得一种乐器，那就是一生的生存资本。你很老的时候可能唱唱歌、跳跳舞，跟亲爱的朋友们一起分享一下这些乐器，这些个人爱好啊，都是很美妙的。所以，我们不要以为天下的乌鸦一般黑，要经常想到，如果你是一只乌鸦，你肯定是黑的；但你也有可能就是一只百灵鸟，你就是大雁，你就是世界上最美妙的"好"鸟，所以不要把自己仅仅看成一只乌鸦，而要让自己成为更好的自己。

五、学会学习是更重要的素养

生：老师好！嗯，刚刚您说了家庭教育，我爸爸妈妈都是初中文凭，他们没什么文化，所以很多问题他们不能给我指导。我想问一下，应该怎样看待这个问题……

师：你遇到的问题我小学的时候就遇到了！（生笑）

因为我爸爸只有小学文化程度。你父母啊，已经比我父母厉害了，到了初中才让你遇到这样的问题。这里我要说一说，文化跟学历啊，还不完全是一回事，是吧？有些学历很高的人，却是没什么文化的；有些人没受过很好的教育，却有良好的文化素养。所以，文化和素养还不完全是一个概念。

说实在的，你干吗提这个问题？因为你只看到你父母受的教育不多，对你的很多问题不了解。其实很多问题，比如你们现在的考试问题、学业问题，你们父母即使是大学毕业，甚至读了博士，倒不一定能解决，这个学业问题有它的特殊性，有不少复杂性，我们现在还没有条件说。有谁的父母能在所有的学科上帮助你？有的举个手，全科都能帮助你，有吗？

我相信你，这位同学，不要着急，不要对父母要求太高。我倒是建议有合作学习这样的思考，就是在自习时间有一些难题要一起来处理、一起来研究，但更重要的是自主学习，独立来思考。独立思考不能解决的和同学一起来探讨，还不能解决的就去寻找老师。

我曾经遇到过一个六十多岁的老先生，他在美国待了十几年回到中国，他跟我说了一个例子：中国的一个大学生代表团到美国去访问，问美国的一个初中生："你知道算盘吗？"结果美国的初中生不知道算盘。那个初中生说："能不能给我 5 分钟时间？"那个代表说："好，给你 5 分钟时间。"过了 5 分钟，那个学生来了，详尽地把什么是算盘给他复述了一遍。他们的知识从哪里来的？百度。所以我们经常对老师们说一定要有"百度"的意识，一定要有"补课"的意识。

现在很多人在"百度百科"上就某一个问题的词汇设置一个词典。我的工作团队在"百度百科"上设置了一个词条，这词条叫"张文质"，以后你上"百度百科"一搜张文质，搜的就是我，搜不到别人，就是我。我说的意思是什么？我们要借助工具，我们在有些问题上是无知的，我们要懂得去寻找，这比你掌握的知识还重要。知识总是有限的，怎么去获取知识，这是人更重要的素养，我们需要有这样的素养。实际上就是学会学习，能够找到解决之道。今天，再也没有一个人仅仅靠自己就能学好！下面一个问题给这位同学。

生：有个问题，刚刚我们班的一个女生说，像我们现在这种教育环境之下，所有学生都是一样的，包括家长，都会让我们除了学习其他的都不要管。因此，除了学习成绩，大家都一样，可让我们平常去哪儿走走的可能性也不是很大，大家都没有时间，假期都是在家里，我们一无所长怎么办？

师：我先给你一个建议，当你起来发言的时候，哪怕你的观点是听别人说的，你也千万不要说你的观点跟他一样。以后记住了，到哪里都不要说我的观点跟他一样！你和其他人一样的，你还站起来干什么？一定是不一样！虽然我的观点和前一位同学有些类似，但是我要特别强调跟她不一样。我最大的恐慌是，如果我们一无所长怎么办？一定要记住什么叫讲述，知道吗？讲述就是相同的观点你能讲出不同的缘由，因为人难免要重复别人的观点。其实拥有这个本领很棒。

有没有同学去过北京？去过北京的举个手。只有一位同学。这也不奇怪啊。我也是大学毕业好几年才去的。在今后，如果你有机会，更好的事情是大家考到北京去。我到北京那会儿，看着二环、三环、四环、五环，到五环就快到天津了。首都啊，现在越来越大。但是北京前不久有个社会机构作了个调查，结果发现北京四环之内啊，原来那些北京当地人，有房子的所占的比例已经不到15％了。也就是说，住在四环之内，都是我刚才所说的那些成功人士。北京的普通老百姓到哪里去住啦？都到离城市非常远的四环、五环之外去了！五环之外什么概念啊，坐汽车，坐地铁，坐各种交通工具，上午上班坐车两个小时，下班坐车两个小时，你们说两个小时到哪里了，你们知道吗？从这里到上海了，到苏州了，离南京很近啊，天天这样上班，艰辛啊，无比艰辛。

我说的是什么意思呢？有时候不但是考试问题，说你没考好。实际上，跟人的文化意识有关。这里我们首先需要有危机意识，我们必须和时代的进步保持一致，我们需要提升自己的多种素养，而不是某种单一的素养。也就是，当选择工作的时候，你可能要思考，你这个工作会不会被自动化替代，比如说用机器人替代。就像我们从上海过来，那些收费站的工作人员。从现代化角度而言，可以说所有的收费站都可以拆除，但是考虑到这些人都没办法安置，所以保持这个岗位。为什么？必须考虑这个工作会被自动化代替，将来你车过来，机器自动拍个照或者自动从你的银行卡里扣钱，不需要人，所以这就是我们要思考的。

同时还要思考的，从文化意义上说，我们是不是善于和别人合作，我们是不是有自己独特的才能，这个"独特才能"也很重要。你可以回去问一下你的爸爸妈妈，你到理发店里去剪头发，竟然好多年都是找同一家理发店，都是找同一个人理发，为什么？因为这个人的服务让你习惯，这里的服务方式让你习惯，甚至包括这个人的某种气息你比较喜欢。如果一个人剪头发的技术很高明，而你发现这个人身上脏乎乎的，甚至有难闻的味道，你会找他吗？不会。所以你喜欢他一定有理由，而一个人就应该成为被别人喜欢的人，这个喜欢是指个性，是指服务特色，是指自己服务的风格，这就是一种文化里面很重要的品格。即使我们没有别的才能，但是我们有这样的服务意识或者个性，也非常重要。

另一个问题我还要说，不要太焦虑。都在学校里埋头苦读，本领很少，不要着急。关键是上大学以及上大学之后，这个时候大家还是在一个起跑线上，上了大学以后起跑线变了，可能有更大的变化，有机会就多学一点，不要等有机会了什么都不学。没钱的时候我想去桂林，等我有钱的时候有没有时间去桂林？我们不要现在没空的时候很想学，有空的时候什么都不想学。要思考这样一个问题！

怎么样，时间差不多了吗？不小心就讲太多了，那就谢谢你们！下课啦！

（全场爆发出热烈的掌声，经久不息……）

教后评析

坐看云起，正蒙妙生

每一次，文质先生来，我都心怀诚诚，孜孜汲汲，如受一场甘霖，总以为是最欣喜的。"天雨虽宽，不润无根之草"，而世界之大，能遇良师点化，也是一种福分，于是常常惜缘，时时感恩。

《换一条路走如何》这段讲话，是先生 2009 年 5 月在我校进行的。以往，他听课和交流的对象，多是教师，而这次直接与高一、初二的孩子面对面交流。所以，当时很多人都记得这场真实、风趣、坦诚和意犹未尽的对话。先生所要和孩子们说的，也正是要对这个世界谈的，每一个聆听的人，或身在局内，或困在彀中，本无所遁逃，亦无所抗衡，既找不到去路，也看不见归途。只是这一席话，如一盏心灯，忽明忽暗，虽然不能救大厦于将倾，但却让教育有了血色，也让教育者和孩子们拾回了勇气。

仔细看，孩子们最想问的，其实都是一个个有关"我"的问题："我"的假期、"我"的家庭教育、"我"的健康、"我"的理想……事实上，教育中的"我"，缺位已经很久了。众人被裹挟于一团光晕之中，为虚空中的浮名浮利，矻矻不竭。独独孩子，被扭曲得严重符号化和"去人格化"，成了实利的凭借，成了权位的攀梯。先生闻此，就从"做中产阶级"说起，要孩子们学会独立于世，学会自信、优雅、从容地表达，学会做一个"讲述者"——善于交谈、善于沟通、善于合作。对此，我们不妨这样说，这更像是一场对个人价值的"再确认"，将强加于"我"之上的一张张面具撕下，让人终能自由呼吸。先生既开生命化教育之先河，那独一无二、无法替代的生命就是他观察和判断教育的立场，从这个意义说，对每一个"我"的"再确认"，恰是对今后努力的价值保证。在这场对话中，他曾这样建议一名提问的孩子："当你起来发言的时候，哪怕你的观点是听别人说的，也千万不要说你的观点跟他一样。"是的，面对成长，人没有理由将自己堙没；面对教育，没有了"我"之存在，还奢谈什么意义？

想到，在上古年代，部落里最有智慧的人被称作"巫"，她们都是女性，凭借细腻、敏锐、温润的特质，常能"沟通天地，连接阴阳"。教育，作为彼此生命的"连接"，也需要有这样的气质。有人说，先生"长有一张生女儿的脸"，而听对话，体会背后支撑的教育情怀，则更带有某种母性美。当众人囿于种种桎梏和羁绊，当孩子的问题直透教育的悲凉与惨淡，先生依然是个"乐观的悲观主义者"。他告诉众人和孩子，完成了对自己身份的"再确认"后，就需要"再寻找"——寻找一条"存在的革命"式的新路。这条路，不是"引刀成一快"的对抗，不是暴风骤雨式的突变，也不是消极的放弃，而是从人之性善中慢慢改变，从读书、对话、课堂、生活中点滴累积力量，以柔克刚。

在这一条路上，首先要保持健康，懂得爱惜自己，然后是学会批判，学会分辨，学会独立思考。或许有一天，无数个"我"的觉醒凝聚起来，就能最终扭转教育；也或许，永远都等不到这一天。但不管怎么看，从举世皆浊中找到"真实"，是先生坚持主张"换一条路走"的出发点和落脚点，就像哈维尔所说的"生活在真实中"一样。

终南有捷径，教育无坦途。事实上，坚持挣扎在现实夹缝之中的路，本身就意味着妥协和坚守。有孩子告诉先生：希望能有"哪怕一点点"的时间，在深夜里读一读自己喜欢的书。但现实之下，所有的时间，不是被学习占据，就是为疲劳分割，毫无自主性可言。在应试之势咄咄逼人的当下，需要不断的妥协以保持新的平衡，所以先生常说："我们不与应试为敌。"

这种妥协，从积极的意义上看，虽然使新路的空间变窄，但大大强化了它的硬度和韧性，使人看清教育中最需恪守的底线和最为珍贵的精神，比如对话中，先生告诉孩子："哪怕难以产生效果，我们也要学会表达。""带着健康和梦想去上学。"……在外部环境日渐逼仄之下，生命化教育的力量才渐被人察知。不断的妥协，换来的是更加顽强的坚守。而这样的坚守，又会让人更容易看清时下教育的尊容，催生无数人从浑浑噩噩中觉醒，参与到先生"办新学，走新路"的号召下。所以，所谓的妥协，并不是退缩。恰恰相反，它正是一种聚焦和凝集，排除杂芜、删去庸附而增强能量，它视野之下的润泽、点化，早已布满了整个教育；所谓的坚守，也并不是抵抗，而是一种保护和等待，等待明天的种子发芽，不再受到污染，不再遭到漫灌，不再经受毒害。有了坚守，就有了希望。"要吃得好一点，要休息得好一点。""学会学习是更重要的素养。"……先生对我们说的，正是要为自己和自己的将来，多留点东西。

这篇对话稿，讲的是探索一条新路，初时想到的是"行到水穷处，坐看云起时"的闲淡。但要想一路成行，却至少有四个环节：再确认、再寻找、再妥协和再坚守。而做好任何一条都是极耗心力和智力之事，仅有"闲淡"是不够的。于是，又从"众妙之门"和"蒙以养正"中各取一二字为题，以示敬重。先生的学识是足以令人折服的，而对教育的忧思和情怀更令我辈愧颜，每每听之、思之，总有一股力量叫自己挤掉毒汁、快马策鞭。

　　"雪崩时，没有一片雪花觉得自己有责任。"你我都是雪花，又都不是。选一条路，让自己化作水，去润泽生命。

（邱磊）

西南师范大学出版社
《名师工程》系列丛书目录

系列	序号	书　名	主编	定价
思想大家系列	1	《小事物的教育学》	张文质	28.00
	2	《张文质给学生上的十堂课》	张文质	30.00
鲁派名师系列	3	《复调语文》	孙云霄	30.00
	4	《智趣数学课——在情感深处激发学生的数学智能》	王冬梅	30.00
	5	《高品位"悦读"——让情感与心灵更愉悦的阅读教学》	马彩清	30.00
	6	《品诵教学——感悟母语神韵的阅读教学》	侯忠彦	30.00
	7	《智趣化学课——在快乐中提升学生的科学素养》	张利平	30.00
思想者系列	8	《回归教育的本色》	马恩来	30.00
	9	《守护教育的本真》	陈道龙	30.00
	10	《教育，倾听心灵的声音》	李荣灿	30.00
	11	《心根课堂——让教育随学生心灵起舞》	刘云生	30.00
	12	《做一个纯粹的教师》	许丽芬	26.00
	13	《率性教书》	夏　昆	26.00
	14	《为爱教书》	马一舜	26.00
	15	《课堂，诗意还在》	赵赵（赵克芳）	26.00
	16	《今日教育之民间立场》	子虚（扈永进）	30.00
	17	《教育，细节的深度反思》	许传利	30.00
	18	《追寻教育的真谛——许锡良教育思考录》	许锡良	30.00
名校长核心思想系列	19	《智圆行方——智慧校长的50项管理策略》	胡美山 李绵军	30.00
	20	《做一个智慧的校长》	孙世杰	30.00
	21	《成为有思想的校长》	赵艳然	30.00
名校系列	22	《人本与生本：管理与德育的双重根基》	广州市广外附设外语学校	30.00
	23	《生本与生成：高效教学的两轮驱动》	广州市广外附设外语学校	30.00
	24	《世界视野与现代意识：校本课程开发的二元思维》	广州市广外附设外语学校	30.00
	25	《让每个生命都精彩——生命教育校本实践策略》	王鹏飞	30.00
	26	《好学校，从关注每个学生开始——石梅小学优质教育多元感悟》	顾　泳 张文质	30.00
创新班主任系列	27	《班主任专业化成长策略》	杨连山	30.00
	28	《班级活动创新与问题应对》	杨连山 杨照 张国良	30.00
	29	《班集体建设与创新人才培养》	李国汉	30.00
	30	《神奇的教育场——打造特色班级文化创新艺术》	李德善	30.00

系列	序号	书　　名	主编	定价
高效课堂系列	31	《让作文教学更高效——王学东写作教学手记》	王学东	30.00
	32	《用什么提高课堂效率 ——有效数学课必须关注的 10 大要素》	赵红婷	30.00
	33	《让作文更轻松——小学作文高效教学 36 锦囊》	李素环	30.00
	34	《让研究性学习更高效——研究性学习施教指导策略》	欧阳仁宣	30.00
	35	《让母语融入学生心灵 ——提升学生语文素养的高效施教艺术》	黄桂林	30.00
教师修炼系列	36	《班主任工作行为八项修炼》	杨连山	30.00
	37	《教师心理健康六项修炼》	李慧生	30.00
	38	《教师专业化五项修炼》	杨连山　田福安	30.00
	39	《课堂教学素养五项修炼》	刘金生　霍克林	30.00
	40	《高效教学技能十项修炼》	欧阳芬　诸葛彪	30.00
	41	《教师新师德六项修炼》	王毓珣　王　颖	30.00
教学优化系列	42	《高效教学组织的优化策略》	赵雪霞	30.00
	43	《高效教学方法的优化策略》	任　辉	30.00
	44	《高效教学过程的优化策略》	韩　锋	30.00
	45	《让教学更生动——激发兴趣让学生快乐认知》	朱良才	30.00
	46	《让教学更高效——策略创新让教学事半功倍》	孙朝仁	30.00
	47	《让教学更开放——拓展延伸让学生触类旁通》	焦祖卿　吕　勤	30.00
	48	《让教学更生活——体验运用让学生内化知识》	强光峰	30.00
	49	《让知识更系统——整合与概括让学生建构体系》	杨向谊	30.00
	50	《让思维更创新——思辨与发散让学生思维活跃》	朱良才	30.00
创新语文教学系列	51	《曹洪彪新概念快速作文》	曹洪彪	30.00
	52	《小学语文：享受对话教学》	孙建锋	30.00
	53	《小学语文：名师教学目标落实艺术》	刘海涛　王林发	30.00
	54	《小学语文：名师魅力教学设计艺术》	刘海涛　王林发	30.00
	55	《小学语文：名师魅力课堂激趣艺术》	刘海涛　豆海湛	30.00
	56	《小学语文：单元整体教学构建艺术》	李怀源	30.00
	57	《小学作文：名师情趣课堂创设艺术》	张化万	30.00
创新课堂系列	58	《个性化课堂教学艺术：小学语文》	商德远	30.00
	59	《如何实现三维目标——让学生与文本共鸣的诵读教学》	张连元	30.00
	60	《想说　会说　有话可说——突破作文瓶颈的三维教学法》	杨和平	30.00
	61	《综合课的整合创新教学》	周辉兵	30.00
	62	《如何打造学生喜欢的音乐课堂》	张　娟	30.00
	63	《理想课堂的构建与实施——一个教研员眼中的理想课堂》	张玉彬	30.00
	64	《小学语文：决定教学质量的关键策略》	李　楠	30.00
	65	《用〈论语〉思想提升数学教育智慧》	胡爱民	30.00
	66	《童化作文——浸润儿童心灵的作文教学》	吴　勇	30.00

系列	序号	书　　　　名	主编	定价
教师成长系列	67	《做会研究的教师》	姚小明	30.00
	68	《学学名师那些事》	孙志毅	30.00
	69	《给新教师的建议》	李镇西	30.00
	70	《教师心灵读本：成为有思想的教师》	肖　川	30.00
	71	《教师心灵读本：教师，做反思的实践者》	肖　川	30.00
幼师提升系列	72	《全国优秀幼儿健康教育活动课例评析》	教育部教育管理信息中心	30.00
	73	《全国优秀幼儿艺术教育活动课例评析》	教育部教育管理信息中心	30.00
	74	《全国优秀幼儿社会教育活动课例评析》	教育部教育管理信息中心	30.00
	75	《全国优秀幼儿语言教育活动课例评析》	教育部教育管理信息中心	30.00
	76	《全国优秀幼儿科学教育活动课例评析》	教育部教育管理信息中心	30.00
教研提升系列	77	《校本教研的 7 个关键点》	孙瑞欣	30.00
	78	《教师怎样做小课题研究——高效助力教师专业化成长》	徐世贵　刘恒贺	30.00
	79	《今天我们应怎样评课》	张文质　陈海滨	30.00
	80	《今天我们应怎样进行教学反思》	张文质　刘永席	30.00
	81	《一节好课需要的教育智慧》	张文质　姚春杰	30.00
教学创新系列数学	82	《小学数学：名师教学目标落实艺术》	余文森	30.00
	83	《小学数学：名师高效教学设计艺术》	余文森	30.00
	84	《小学数学：名师易错问题针对教学》	余文森	30.00
	85	《小学数学：名师魅力课堂激趣艺术》	余文森	30.00
	86	《小学数学：名师同课异教》	林高明　陈燕香	30.00
	87	《小学数学：名师抽象问题艺术教学》	余文森	30.00
教育心理系列	88	《做最好的心理导师——中学生心理健康咨询手册》	杨　东	30.00
	89	《每天学点教育心理学》	石国兴　白晋荣	30.00
	90	《学生心理拓展训练与指导》	徐岳敏	30.00
	91	《好心态成就好学生——学生心理问题剖析与对症教育》	李韦遵	30.00
名师名课系列	92	《名师如何炼就名课》（美术卷）	李力加	35.00
教育通识系列	93	《用心做教师——青年教师快速成长的十大定律》	王福强	30.00
	94	《做最受学生欢迎的老师》	赵馨　许俊仪	30.00
	95	《做有策略的校长——经典寓言与学校管理智慧》	宋运来	30.00
	96	《做有策略的教师——经典故事中的教育启示》	孙志毅	30.00
	97	《从学生那里学教书》	严育洪	30.00
	98	《突破平庸——提升教育质量的 31 个跳板》	严育洪	30.00
	99	《教育，诗意地栖居》	朱华忠	30.00
	100	《好班规打造好班级》	赵凯	30.00
	101	《做学生成长的引领者——学生终身成长的素质培养》	田祥珍	30.00
	102	《如何管出好班级——突破班级管理的四大瓶颈》	刘令军	30.00
	103	《青春期性教育教师实用手册》	闵乐夫	30.00

系列	序号	书　　名	主编	定价
教育管理力系列	104	《名校激励管理促进力》	周兵	30.00
	105	《名校安全管理执行力》	袁先潋	30.00
	106	《名校师资团队建设力》	赵圣华	30.00
	107	《名校危机管理应对力》	李明汉	30.00
	108	《名校校本研究创新力》	李春华	30.00
	109	《学校文化力建设策略》	袁先潋	30.00
	110	《名校长核心教育力》	陶继新	30.00
	111	《名校长高绩效领导力》	周辉兵	30.00
	112	《名校行政管理细节力》	杨少春	30.00
	113	《名校教学管理提升力》	张韬　戴诗银	30.00
	114	《名竣学生管理教导力》	田福安	30.00
	115	《名校校园文化构建力》	岳春峰	30.00
大师讲坛系列	116	《大师谈教育心理》	肖川	30.00
	117	《大师谈教育激励》	肖川	30.00
	118	《大师谈教育沟通》	王斌兴　吴杰明	30.00
	119	《大师谈启蒙教育》	周宏	30.00
	120	《大师谈教育管理》	樊雁	30.00
	121	《大师谈儿童人格塑造》	齐欣	30.00
	122	《大师谈儿童习惯培养》	唐西胜	30.00
	123	《大师谈儿童能力培养》	张启福	30.00
	124	《大师谈早恋与性教育》	闵乐夫	30.00
	125	《大师谈儿童情感教育》	张光林　张静	30.00
高中新课程系列	126	《高中新课程：教师角色转变细节》	缪水娟	30.00
	127	《高中新课程：班主任新兵法细节》	李国汉　杨连山	30.00
	128	《高中新课程：教学管理创新细节》	陈文	30.00
	129	《高中新课程：更有效的评价细节》	李淑华	30.00
教学新突破系列	130	《把教学目标落实到位——名师优质课堂的效率管理》	冯增俊	30.00
	131	《拿什么调动学生——名师生态课堂的情绪管理》	胡涛	30.00
	132	《零距离施教——名师和谐师生关系的构建艺术》	贺斌	30.00
	133	《一个都不能落——名师提升学困生的针对教学》	侯一波	30.00
	134	《让学习变得更轻松——名师最能吸引学生的情境设计》	施建平	30.00
	135	《让知识变得更易学——名师改造难学知识的优化艺术》	周维强	30.00
教学提升系列	136	《方法总比问题多——名师转变棘手学生的施教艺术》	杨志军	30.00
	137	《用特色吸引学生——名师最受欢迎的特色教学艺术》	卞金祥	30.00
	138	《让学生爱上课堂——名师高效课堂的引导艺术》	邓涛	30.00
	139	《拿什么打开思路——名师最吸引学生的课堂切入点》	马友文	30.00
	140	《没有记不牢的知识——名师最能提升学生记忆效果的秘诀》	谢定兰	30.00
	141	《让学生的思维活起来——名师最激发潜能的课堂提问艺术》	严永金	30.00

系列	序号	书 名	主编	定价
名师讲述系列	142	《施教先施爱——名师讲述班主任的核心教导力》	杨连山　魏永田	30.00
	143	《在欢乐中成长——名师讲述最具活力的课堂愉快教学》	王斌兴	30.00
	144	《让学生做自己的老师 ——名师讲述如何提升学生自主学习能力》	徐学福　房　慧	30.00
	145	《引领学生高效学习 ——名师讲述如何提高学生课堂学习效率》	刘世斌	30.00
	146	《教育从心灵开始——名师讲述最能感动学生的心灵教育》	张文质	30.00
教育细节系列	147	《名师最具渲染力的口才细节》	高万祥	30.00
	148	《名师最有效的沟通细节》	李　燕　徐　波	30.00
	149	《名师最有效的激励细节》	张　利　李　波	30.00
	150	《名师培养学生好习惯的高效细节》	李文娟　郭香萍	30.00
	151	《名师人格教育的经典细节》	齐　欣	30.00
	152	《名师营造课堂氛围的经典细节》	高　帆　李秀华	30.00
	153	《名师最有效的赏识教育细节》	李慧军	30.00
	154	《名师最有效的批评细节》	沈　旎	30.00